MAYALAR

YILMAZ AYDIN

NOKTAKİTAP

Mayalar

Yılmaz Aydın

Genel Yayın Yönetmeni: Oya Uğur

Editör: Tarkan Tufan

Bilgisayar Uygulama: Befrin K. Musa

Kapak Tasarımı: Derya Karatağ

Film-Grafik: Seval Grafik

Baskı-Cilt: Kilim Matbaası

1. Baskı: Aralık 2007

ISBN : 978-9944-174-48-0

NOKTA KİTAP

Kazancı Yokuşu, Muhtar Kamil Sokak, Basmacı Han

No: 5/3 Taksim / İSTANBUL

Tel: 0212 243 43 03 (pbx) Faks: 0212 243 43 40

www.noktakitap.com / e-mail: info@noktakitap.com

MAYALAR

YILMAZ AYDIN

NOKTAKİTAP

İÇİNDEKİLER

ÖN SÖZ

Bundan yaklaşık beş bin yıl önce Orta Amerika'da insanlar geçmiş uygarlıklardan getirdikleri bilgilerin derlenmesi ve yeni bilgilerle birleştirilmesiyle benzersiz bir medeniyetin temellerini attılar. Onlar da bugün tüm medeniyetlerin yaşadığı en büyük kaygılardan birini yaşıyorlardı: "Gelişmek". Her geçen yüzyıl daha da ilerlediler. Sadece toplumsal anlamda bir farklılaşma ile kalmadılar, bilimsel açıdan da bizden neredeyse birkaç yüzyıl öncesinde bilim adamlarınca edinilmiş bilgilerin aynılarına ulaştılar. Sanat anlamında bir Rönesans geçirdiler. Mimari yapılarının nasıl bir yöntemle inşa edildiği bugün hala bir sır. Bu durum, Maya Medeniyeti açısından olağanüstü bir durumdur. Arkeologlar bugünün dünyasında yer alıp da o günün dünyasında yer alamayacağını umdukları şeylerle karşılaştıklarında hayrete düştüler. Hayretlerinin ardından yapılan açıklamalarda en çok duyduğumuz kelime "gizem" oldu. Çünkü Mayalar ve benzeri topluluklarla karşılaşmadan önce, ileri medeniyetin en uç noktasının o anda yaşanan son yüzyıl olduğu sanılıyordu. Oysa görüldü ki, insanlık, tarih boyunca zaman zaman bilgi birikimi açısından oldukça üst seviyelere ulaşmış, zaman zaman da gerilemeler yaşamıştı.

Mayalar günümüz toplumlarından bazılarından bile çok daha ileri bir medeniyet seviyesine sahiptiler. Mayalar, medeniyetlerine dair öyle açık deliller bırakmışlardır ki, bilim çevrelerinin tahminsel bir senaryo yazmalarına gerek kalmamıştır. İncelenen tüm arkeolojik deliller, Orta Amerika'da yüksek bir kültür yaşandığına işaret etmektedir. Mayaların en önemli özelliği, astronomi ve matematik alanındaki çalışmaları ve oldukça karmaşık yazı dilleriyle bilime öncülük etmiş olmalarıdır. Mayaların zaman, astronomi ve matematik alanlarındaki bilgileri, kendi dönemlerinin Batı dünyasının bilgisinden bin yıl ilerideydi. Örneğin Dünya'nın bir yıllık dönüşü hakkındaki hesapları, bilgisayar icat edilmeden önce yapılan hesaplardan daha kesin ve hatasızdı. Matematikte sıfır kavramı, Avrupalı matematikçilerin keşfetmesinden bin yıl önce Mayalar tarafından kullanılıyordu. Matematikte kendi çağdaşlarından çok daha gelişmiş rakamlar ve işaretler kullanmışlardı.

Mayaların astronomi bilgisi, Venüs yörüngesinin her 6000 yılda bir gün geri alınmasının gerekli olduğunu tespit edecek kadar mükemmeldir. Böyle bir bilgi birikimini nasıl edindikleriyse, günümüzde halen astro-fizikçiler ve arkeologlar tarafından tartışılmaktadır. Günümüzde böyle karmaşık hesaplar ancak bilgisayar teknolojisinin yardımıyla yapılabilmektedir. Bugünün bilim adamları uzay hakkında bilgilerini, her türlü teknolojik ve elektronik cihazla donatılmış gözlem merkezlerinde ve üslerde edinmektedirler. Mayalar ise bundan 2000 yıl önce günümüz teknolojisiyle ulaşılan bilgilerin çoğuna sahiptiler.

Tarih boyunca medeniyet kimi zaman ileri, kimi zaman geri gitmiş, kimi zaman da hem ileri hem geri medeniyetler aynı dönem içerisinde yaşayabilmişlerdir. Maya tarihinin akışını incelediğimizde karşımıza çıkan gerçek, bu topluluğun bireylerinin zekaya ve yaratıcılığa sahip olduklarıdır. Bıraktıkları eselerin manası da şudur; bu insanlar zekalarıyla ve yetenekleriyle, yaşadıkları her yüz yılda yeni keşifler yapmışlar, ihtiyaçlarını karşılamışlar ve kendi uygarlıklarını geliştirmişlerdir.

MAYALAR ORTA AMERİKA'YA NEREDEN GELDİLER?

İnsanlık kültürünün gelişimini aydınlatmaya yönelik en eski (yaklaşık 2500 yıl öncelerine ait) yazılı belgelerden biri Platon'un "Timaios" ve "Kritias" adlı eseridir. Bu eserinde yazar insanlığın tarihsel gelişimini aktarmaya çalışılırken, bu konudaki en eski belgenin Mısır'daki bir tapınakta bulunduğunu belirtir. Bu esere göre, insanlık hakkında en eski bilgi ve belgeler Mısır'daki tapınaklarda saklanmaktadır; çünkü dünyanın diğer yerlerinde sık sık sel felaketleri olması ve bu felaketlerden sadece yüksek yerlerde seyrek şekillerde yaşayan cahil ve okuyup yazması olmayan (toplumsallaşmamış) insanların kurtulup buna karşın toplumsal şekilde ovalarda yaşayanların topluca yok olması, yani bilgi sahibi insanların yok olması nedeniyle, geçmişten hiçbir şey daha sonraki nesillere aktarılamamıştır. Ancak Nil vadisinde böyle sel felaketleri olmadığı için, buradaki bilgili insanlar eski belgeler koruyabilmiş, bilgileri gelecek nesillere aktarabilmişlerdir. Bu eski belgeler arasında bir tanesinin 8 bin yıl önce Mısır'a gelerek orada uygarlığı başlatan bir kadın ilaha ait olduğu; bu kadın ilahın, ana yurdunun sular altında kalması nedeniyle oradan uzaklaşıp Mısır'daki topluM.S.allaşmayı başlattığı iddia edilmektedir. Platon (Eflatun)'un bu eserlerinde şu dikkat çekici sözler geçer: "Mu ülkesinde 10 halk vardı".

Atlantis ve Mu

Doğu ve Batı uygarlıklarının ezoterik (içrek, yani dışa kapalı ve kendi içine dönük ya da apaçık olmayan) bilgilere göre iki ana kaynağı vardır. Bunlardan biri Atlantis diğeri de Mu Uygarlığı'dır. Mu Uygarlığı'nı tanımamızı sağlayan ilk araştırmacı, İngiliz Albay James Churchward'dir. J. Churchward Mu ile ilgili ilk araştırmalarına Hindistan'da bulunduğu sırada başlamış ve elli yılı aşkın bir zaman içerisinde tüm dünyayı dolaşarak Mu ile ilgili pek çok belge elde etmiştir. Aslında pek çok kültürün mitolojisinde Pasifik Okyanusu'nda bir kıtanın yer aldığına, bu kıtanın üzerinde on binlerce yıl hüküm süren ileri bir uygarlığın yaşamış olduğuna ve bu uygarlığın yozlaşarak yok olduğuna dair bilgiler yer almaktaydı. Örneğin, Hintlilerin Ramayana Destanı'nda, Maya metinlerinde ve Mısır'ın Ölüler Kitabı'nda kısmen ya da açıkça Mu Uygarlığı'ndan söz edilmektedir. Fakat Mu Uygarlığı'nı mitolojik kimliğinden sıyırıp, konuyu bilimsel bir temele oturtan ilk kişi J. Churchward'dir.

Hindistan'da görevli bulunduğu sırada bir tapınağa konuk olan J. Churchward Batık Mu Uygarlığı hakkında ilk bilgilerini bu tapınaktaki arşivlerden edinir. Naga-Maya dili denilen, çeşitli şekillerden, sembollerden oluşan çok eski ve ölü bir dilde yazılmış olan bu tabletler, Mu kutsal metinlerinden kopya edilmiştir. Naga-Maya dili Hindistan'daki arkaik Sanskritçe olarak bilinen en basit Hint dilinden daha eskidir. J.Churchward Naga-Maya dilini iki yıllık bir çalışma sonunda öğrenir ve bu tabletlerde yazılanları çözer. Burada yazılanlara göre, bu yazılar 15.000 yıl önce yazılmış olup Hindistan'a Mu'nun bilim rahipleri dedikleri 'Naakaller' tarafından getirilmiş tabletlerdir. J.Churchward bundan sonra Güney Pasifik adalarına, Orta Asya'ya, Mısır'a, Sibirya'ya, Birmanya'ya, Avustralya'ya, Orta Amerika gibi daha birçok yerlere giderek Mu'nun varlığına ilişkin pek çok kanıt elde eder.

J. Churchward'den başka Amerikalı bir jeolog-arkeolog olan William Niven da 1921-1923 yılları arasında yaptığı Meksika kazıları sırasında bulduğu 2600'ü aşkın tablette Mu Uygarlığı'nın varlığına ilişkin geçerli kanıtlar elde etmiştir. Tabletleri inceleyen Carnegie Enstitüsü uzmanları bunların gerçek tabletler olduğunu ve şimdiye dek bilinen hiçbir uygarlığa ait olmadıklarını açıklamıştır. Niven'ın araştırmalarını duyan Churchward Meksika'ya gelerek bu tabletleri inceler ve bunların Hindistan'da gördüğü tabletlerdeki Naga-Maya diline çok benzeyen bir dilde yazılmış olduğunu görür. Bu tabletler bugün Meksika Müzesi'nde bulunmaktadır ve 12.000 yıl önce yazıldığı düşünülmektedir.

Batık Mu Uygarlığı konusunda elde çok farklı kültürlere ait belgeler bulunmaktadır. Bu büyük kıtanın varlığını kanıtlayan belgelere genel olarak baktığımızda şunlara rastlarız:

Hindistan, Çin, Burma, Tibet ve Kamboçya'da bulunan çeşitli yazıtlar ve kitaplar; Naakal tabletleri, kitabeler ve efsaneler; Yukatan ve Orta Amerika'da bulunan eski Maya yazıtları, tabletler, semboller ve efsaneler; Pasifik adalarında özellikle Tahiti, Samoa, Tonga, Cook gibi adalarda bulunan arkeolojik kalıntılar; Mexico City'nin 60 mil güneybatısında yer alan Xochicalo Piramidi Yazıtları; Kuzey Amerika'da bulunan ilk Amerikalı insanların yazıları ve kitabeleri; eski Yunan filozoflarının kitapları. Bu belgelerden en önemlileri arkeologların da bilimsel belge olarak gördükleri pişmiş topraktan yapılmış tabletlerdir.

Bu tabletlerde kayıp kıtanın Pasifik Okyanusu'nda, Amerika ve Asya kıtaları arasında bulunduğu, Kuzey Hawaii'den Fiji ve Paskalya adalarına kadar uzandığı, doğusu ile batısı arasında 9.500 km, kuzeyi ile güneyi arasında yaklaşık 4.500 km'lik bir mesafe olduğu anlatılıyordu. Kıta, deniz ve boğazlarla birbirinden ayrılan üç ana kara parçasından oluşuyordu. Pasifik Okyanusu'na tek tek ya da gruplar halinde dağılmış kayalık adaların tümü, bir zamanlar Mu kıtasının birer parçasıydılar.

Bu kıta üzerinde yaşayanlar yeryüzünü kolonize etmişlerdi. Mu kıtası bundan 12.000 yıl önce korkunç yer sarsıntılarından sonra, volkan patlamalarıyla birlikte sulara gömülmüş, kaybolup beraberinde 83.000 yıllık bir uygarlığı da götürmüştü.

Ezoterik kaynaklara göre Mayaların, Orta Amerika'ya Mu Kıtası'ndan geldiğine inanılmaktadır. Pasifik Okyanusu'nda bulunduğuna inanılan Mu Kıtası'nda, bir başka deyişle Güneş

İmparatorluğu'nda, günümüzden 70.000 yıl önce üzerinde 64 milyon insanın yaşadığı antik tabletlerde anlatılmaktadır. Mu Kıtası'nın anlatıldığı bu antik belgelerden birisi de Mayalara ait Uxmal Tapınağı'ndaki yazıtlardır. Bu tapınakta *'Geldiğimiz yer olan Batı ülkelerinin anısını korumak için inşa edilmiştir'*, şeklinde kabartma yazılar bulunmaktadır.

Mayaların kutsal kabul ettikleri kitap olan Popol Vuh'da da "Her şey yıkılıp mahvoldu," diye yazılıdır: "Deniz kabardıkça kabardı... Korkunç bir sel etrafı bastı... İnsanlar gökten yağan yapışkan bir sıvıda boğuldular... Yeryüzü karanlıklaştı ve kara bir yağmur, günler ve geceler boyunca yağdı... Sonra başlarının üzerinde bir yangın kıyameti koptu... Herkes öldü."

Orta Amerika'nın öteki efsanelerinde gökten yapışkan zift yağdığına dair hikayeler vardır. Bu hikayelere göre insanlar ziftten kaçmak için mağaralara sığınmışlar, ancak mağaraların ağızları birdenbire kapanıvermişti. Felakette önce yıldızlar çarpışmış, daha sonra deniz karaları basmıştı. Peruluların da buna benzer efsaneleri olduğu bilinmektedir. Bütün bu birbirine benzeyen efsaneler yeryüzünde volkanların patladığı, tufanların oluştuğu bir felaketi işaret etmektedir. Mayalar göklerde de ilginç olayların olduğunu anlatmışlardır: "Güneş yüzünü göstermeye yanaşmadı. Dünya dört gün ışıksız kaldı. Sonra büyük bir yıldız gözüktü ve buna 'tüylü yılan' adı verildi." Tüylü yılanın bir kuyrukluyıldızı temsil ettiği sanılmaktadır.[1]

Mu Kıtası hakkında, sayılan tablet ve metinlerden farklı olarak, şu kaynaklarda da bahsedilmektedir; Mayaların Troana

---

1 Kayıp Uygarlıklar, Rupert Furneux, 1977

El Yazması kitabı -bugün British Museum'da bulunmaktadır-, Cortesianus Kodeksi -bugün Madrid Ulusal Müzede bulunmaktadır-, Mexico City'nin güneybatısındaki Ksochicalo Piramidi'ndeki Yazıtlar, Dr. Nive'nin Alaska'da bulduğu Mu kıtası sembolleriyle işlenmiş bir totempol (büyük ağaç gövdelerinden yontulan anıtsal heykeller) ve Paul Schlieman tarafından Tibet'teki bir Budist tapınağında bulunan Lhasan Belgesi.[2]

2 Batık Kıta Mu Uygarlığı, Santesson, H. Stephan - Batık Kıta Mu'nun Çocukları, James Churchward - Kayıp Kıta Mu, James Churchward

YERLEŞİM BÖLGELERİNE DAYALI TARİH

M.Ö. 2600'de Maya Medeniyeti oluşmaya başlar. Maya Uygarlığı Orta Amerika'daki klasik uygarlıkların en iyi bilineni olarak tanımlanabilir. Mayaların Bering Boğazı'nı en az 20.000 yıl önce geçtiklerine inanılmaktadır. O zaman bu insanlar avcı-göçebelerdi. M.Ö. 5000 –1500 arası antik dönemden kalma yerleşim yerlerine dair ilk delililler, Meksika'da bulunmuştur. Kuzey Belize'de, Cuello sitesi Mayalar tarafından ele geçirildi. Daha sonra M.Ö. 1500 yılına gelindiğinde bu defa Belize'de Lamanai'yi işgal ettiler. M.S. 250'den sonra da daha güneye inerek Meksika, Guetamala ve Batı Honduras topraklarında yaşadılar. İki bin yıldan fazla bir süre bu topraklarda yaşayan Mayalar M.S. 1500'lere kadar kurdukları şehirlerde gelişmiş bir medeniyet yarattılar. M.S. 250-900 yılları arası Mayaların en parlak dönemidir. Bu yıllardan itibaren şimdiki Güney Meksika, Guetamala ve Batı Honduras'ın bulunduğu topraklara egemen oldular. Bu dönemde Maya kentleri piramitler, heykeller ve saraylarla donatılmıştı.

İspanyol işgali öncesi Maya Medeniyeti'nin yayıldığı alan tam olarak şu bölgeleri kapsamaktadır: Bugünkü Guatemala ve İngiliz Hondurası'nın tümü; Batı Honduras; El Salvador ve Meksika'da Chiapas ve Tabasco'nun doğu kısımları; Campeche ve Yucatan devletleri ve Quintana Roo bölgesi. Bu coğrafi alan, Avrupalıların keşfi sırasında Maya-Kişe dili konuşulan alanla hemen hemen aynıdır.

Hem coğrafya, hem tarih açısından Maya bölgesini üç kısma ayırmak mümkündür:

1. Kuzey Maya, yeraltından akaçlanan kalkerli çorak plato; 18 derece 30' kuzey enlemini geçen Yucatan Yarımadası'nı kapsar.

2. Merkezi Maya, Motagua veya Usumacinta gibi büyük nehirler tarafından çok iyi akaçlanan alçak topraklar. Ovalar ve dağ etekleriyle Chiapas-Guatemala dağlık bölgelerinin kuzeyini kapsar.

3. Güney Maya, verimli ve ılıman yüksek volkanik topraklar; Chiapas Guatemala dağlık bölgelerini, Guatemala'nın Pasifik kıyılarının batısına düşen kısmını içine alır.

Kültür yönünden Maya, etnologların Mezo-Amerika adını verdikleri geniş kültür alanının güney kısmını teşkil eder. Mezo-Amerika, Merkezi ve Güney Meksika'yı, İngiliz Hondurası'nı, Guatemala'yı, Batı Honduras'ı ve El Salvador'u kapsar.

Kuzey Maya'da 1940'tan sonra yapılan araştırmalar, bu bölgeye yerleşme tarihinin Maya'nın diğer bölümleri kadar eski olduğunu ortaya koyar. Yucatan'daki yapı mimarisinin başlangıcı da Peten idare bölgesindeki kadar eskidir. Yucatan'daki yüksek suni tepeciğin Uaxactun tapınağıyla aynı devre ait olduğu sanılır

Merkezi Maya'da insanların yaşadığını gösteren kalıntılar, Guatemala'nın Peten idare bölgesindeki Uaxactun harabelerinde, bir yığınakta bulunmuştur. Uaxactun'da veya Merkezi Maya'nın herhangi bir bölgesinde, bulunan en eski binalar bile bu yığınaktan daha sonraki bir devre aittir. Burası merdivenli ve yassı piramit şeklinde dış duvarları, alçıdan yapılmış garip insan yüzleriyle süslü bir tapınağın temelidir. Bu tapınağın M.S. 1 yılı ile M.S. 250 arasında yapıldığı sanılmaktadır.

Mayaların sahip oldukları kültürel mirasın büyük oranda Olmek kültüründen kaynaklandığı düşünülmektedir. Etnik ve kültürel kökenleri üzerine çok fazla soru işaretinin bulunduğu Olmeklerin ise yine Meksika Körfezi kıyılarında günümüzden yaklaşık beş bin yıl önce ilk yerleşim merkezlerini kuran La Venta ve San Lorenzo sakinlerinin mirasçısı olduğu yolunda çoğu tarihçi ve arkeolog görüş birliği içindedir. Bir başka deyişle, İspanyollar fetih gemileriyle çıkıp gelene dek El Salvador'dan Meksika'nın kuzeyine kadar uzanan bölgede yaklaşık 4500 yıllık bir kültür hüküm sürüyordu.

M.Ö. 300 yıllarında Mayalar, en üst noktasında krallar ve soyluların bulunduğu hiyerarşik bir yönetim sistemini uygulamaya soktular. M.S. 200-900 arasındaki klasik dönemde bu uygarlık, bir bütün olarak planlanmış krallıklara çevrildi. Bu dönemde Maya toplumu, her biri törensel alanların yakınlarında inşa edilmiş büyük siteler ve tarımla uğraşan çiftçi topluluklarına sahip çok sayıda bağımsız devletten oluşuyordu.

Olmekler'in düşünce ve icatlarından yararlanan Mayalar aynı zamanda becerikli çiftçilerdi; yeraltı suyu bakımından yoksul olan tropikal yağmur ormanlarında geniş alanlar açtılar ve yağmur suyunun biriktirilmesi için büyük yeraltı rezervuarları inşa ettiler. Bölgesel uzaklıklara rağmen, İspanyol öncesi devirlerde Maya'da gelişen şehir medeniyetleri yerleşik tarım kültürünün temel uygulamalarını birbirlerine aktardılar ve tüm şehirlerde benzer bir tarım sistemi kurdular. Botanikçiler merkezi Maya dağlık bölgesini, ekilen bitkilerin gelişmesi yönünden önemli bir bölge kabul ederler. Bu bitkilerin en önemlileri fasulye ve mısır çeşitleridir. Mısırın anavatanının Güney Amerika olduğu ve Guatemala dağlık bölgesinde Tripsacum cinsinden yabani bir bitkiyle melezleştirme yoluyla, yalnız ılıman bölgelerde değil, aynı zamanda rutubetli tropikal ovalarda da yetişmesini sağlayacak birtakım özellikler kazandığı sanılır. Bu tarımsal olay Güney Maya'ya, ilk-Maya (proto-Maya) kültürünün gelişmesi alanında bir öncelik kazandırır.

Guatemala'nın dış mahallelerindeki çukurlarda bulunan aile kalıntıları, Güney Maya sahasında da insan yaşadığının en eski delilleridir. Bu kalıntılar, tarımsal bakımdan mısırı olduğu kadar diğer yöreye özgü ürünler olan fasulye, biber ve domates gibi ürünleri de yetiştiren yerleşik halka aittir. Bu insanlar, sırıklardan yapılmış, saz damlı, kerpiç evlerde topluluklar halinde yaşıyorlardı.

Mayaların tüm şehir devletlerinde tarımda olduğu gibi dokumacılıkta, çanak çömlekçilikte, kılıç yapımında, sanatsal figürlerin icrasında hep bir ortak kültür izi görülmüştür. Kılıçlarını ve kazmalarını cama benzer çok sert bir volkanik taştan, taş baltalarını da yeşil yeşim taşından yapıyorlardı. Ayrıca sepet, hasır da örerlerdi. Çok güzel çömlekler, pişmiş topraktan insan veya maymun figürleri, kalıplar ve mühürler de meydana getiriyorlardı. Bataklıklar ve ormanlar arasından yollar açarak, birbirlerinden uzak mesafelerde bulunan insanların ticaret yapabilmesine olanak tanıdılar. Mayaların tüm şehir devletlerinde geliştirdikleri bu ortak sanatsal, ticari ve teknik yöntemlerin tamamı onları sürekli olarak daha ileri bir uygarlığa taşıdı.

M.S. 300'den 900'e doğru merkezi bölgede gelişen medeniyet, hem Maya'nın en parlak, hem de İspanyol öncesi Amerika'nın en önemli medeniyetiydi. Kırk yıl boyunca Guatemala'da kalarak Mayaları araştıran Amerikalı arkeolog Sylvanus Griswold Morley bu döneme "Eski Maya İmparatorluğu" adını verdi. Bu parlak dönemi niteleyen özellikler şunlardır: Büyük mimari gelişme ve tonozlu taş binalar; yüksek piramitlerin tepesindeki tapınaklar (bu tapınakların en yükseği Tikal'deki IV. tapınaktır; yüksekliği 70 m); heykelcilik, resim ve süslü çömleklerde büyük bir gelişme; hiyeroglif yazısı; ileri matematik (sıfır kavramı, sayı ve işaretler sistemi v.b.); astronomi alanında görülen büyük gelişmeler; karmaşık takvim hesapları. Bu özellikler, J. Eric S. Thompson'ın dediği gibi "hiyerarşik kültür"ü meydana getirir. Bunlar, köy kültürünün unsurlarını gölgede bırakan, şehir kültürünün özellikleridir. Köy kültürünün unsurlarını çiftlik ve besin üretimi faaliyetleri ve ev sanayileri meydana getiriyordu. Karmaşık takvim hesapları (zamanı ölçmek için yapılan uzun hesap sistemi) ve dikilitaş kültü, klasik Maya Medeniyeti'nin en orijinal özelliklerindendir.

Kültür Merkezleri

Klasik Maya Medeniyeti merkezlerinin, Tikal (Peten idare bölgesi, Guatemala), Palenque (Chiapas, Mexico City) ve Copan (Honduras) olduğu sanılır. Diğer önemli yerler şunlardır: Guatemala'nın kuzey sınırında yer alan El Mirador, Usumacinta ırmağının drenajındaki Bonampak, Yaxchilan ve Piedras Wegras; Uaxactun ve Holmul (Peten departmanı, Guatemala); Calakmul (Güney Campeche, Meksika); San Jose (İngiliz Hondurası) ve Aşağı Montagne vadisindeki Guatemala.

Bazı arkeologlar, bu merkezlerin birer gerçek şehir olduğunu kabul etmezler, onlara ayin merkezleri demeyi tercih ederler. Bu merkezlerin, bir şehir kadar geniş olduğu ve böylelikle nüfuslarının da çok olabileceği göz önünde bulundurulursa, bu merkezlerin dini olduğu kadar siyasi ve ticari merkez rolünü de oynamış olması muhtemeldir.

Maya Medeniyeti'nin Beşiği: El Mirador

Guatemala'nın kuzey sınırında yer alan El Mirador, 26 antik Maya sitinden oluşur. Buranın Maya Medeniyeti'nin beşiği olarak kabul edilmesinin sebebi, M.Ö. 10 yüzyıla kadar uzanan bir geçmişe sahip olmasıdır. Bu sit alanı M.Ö. 3'üncü yüzyıl ile M.S. 2'inci yüzyıl arasında işlek bir ticaret merkezi olarak en parlak dönemini yaşadı. Bölgedeki kentleri birbirine bağlayan yolların merkezinde bulunuyordu ve bu dönemde nüfusu 80.000 kişiye ulaşmıştı.[3] Ancak M.S. 2'inci yüzyılın ortalarına doğru belki de bu hızlı büyümenin etkisiyle, bölge

3 http://www.mostlymaya.com/el_mirador.html

çalkantılı bir dönemin içine girdi. El Mirador, Komchen ve Cerros gibi sitler ortadan kalktı. Bunların yerini daha güneyde Tikal, Palenque, Teotihucan gibi güçlü sitler aldı.

En eski Maya şehirlerinden olan El Mirador'un tarih sahnesinde tekrar yerini bulması ise ilk kez 1926 yılında olmuştur. O dönemde tropik ormanın içinde ulaşımı oldukça zor olan bu bölgenin sadece havadan görüntüleri alınmıştır. Buraya havadan ya da karayolu ile ulaşmak mümkün değildi. Ancak 1962 yılına gelindiğinde tutkulu bir kaşif olan Ian Graham, Guatemalalı bir grup yerlinin rehbberliğinde ormanın derinliklerinde yaya olarak yirmi dört gün süren zorlu bir yolculuğa çıkmıştır. Graham, tropik iklimin tüm engellerine rağmen hayalini gerçekleştirmiş ve Mayaların antik kenti El Mirador'a ulaşmıştır. Burada hemen bölgenin haritasını çıkarmış[4] ve ilerleyen yıllarda kendisini takip edecek olan araştırmacılara yol göstermiştir.

Daha detaylı araştırmalar ise 1978 yılında Bruce Dahlin ve Ray Matheny önderliğindeki arkeolog ekibi tarafından başlatıldı. Arkeologlar burada şaşırtıcı bir durumla karşılaştılar. Bölgedeki yapıların büyük çoğunluğunun yaşları Maya klasik öncesi döneminden daha eskiydi. Bu beklenmedik bir keşifti. Bölgede iki dev yapı vardı. Bunlardan biri 180 feet (yaklaşık 55 m) yüksekliğindeki piramidiyle "El Tigre", diğeri ise 230 feet (yaklaşık 70 m) yüksekliğinde, en yüksek Maya yapısı olan "La Danta"'dır.[5] Bu eserler, Maya medeniyetine ait en es-

4 http://www.mnsu.edu/emuseum/archaeology/sites/Meso_america/el_mirador.html

5 http://en.wikipedia.org/wiki/El_Mirador

ki eserlerden olma özelliğine sahip olmalarına rağmen, bugün gereken ilgiyi henüz görmemektedirler. Bunun nedeni El Mirador'un Guatemala'nın en kuzey ucunda olup, diğer antik şehirlere olan uzaklığıdır. Ancak Guatemala hükümeti 2002 yılında çıkardığı yasa ile El Mirador'un içinde bulunduğu Mirador Havzası'nı Ulusal Anıt olarak kabul etmiştir. Bunun yanı sıra bugün Dr. Richard Hansen başkanlığında yürütülen Mirador Havzası Ulusal Parkı projesi kapsamında, bu geniş bölgenin ulusal park haline getirilip, yapılan kazılarda ortaya çıkarılan eserlerin daha geniş çaplı olarak tanıtılması amaçlanmaktadır. Bu çalışmalar kapsamında bölgede 27 üniversiteden, 140 arkeolog görev almaktadır.[6]

Abaj Takalik'te Bulunan En Eski Kral Mezarı

Mezo-Amerika'da hem Olmek Uygarlığı hem de Maya Uygarlığı özellikleri gösteren tek sit Abaj Takalik'tir. El Mirador kadar eski bir tarihi olan Abaj Takalik, son yıllarda bu antik şehirde keşfedilen kral mezarlarıyla gündemdeki yerini korumaktadır. Maya tarihinde M.Ö. 8'inci yüzyıl - M.S. 2'inci yüzyıl arası Klasik öncesi olarak adlandırılan dönemde varlığını sürdüren Abaj Takalik'in anlamı Quiché Maya diline göre "Ayakta Duran Taş" anlamına gelir. Altı buçuk kilometre karelik bir alana kurulmuş olan bu siteden geriye kalan onlarca plaza ve etrafında bulunan yaklaşık 80 yapı vardır. Ayrıca Olmek stilinden etkilenerek yapıldığı anlaşılan 200'ün üzerinde taş heykel de bulunmaktadır. Klasik öncesi dönemin sonları-

6 http://www.mostlymaya.com/el_mirador.html

na doğru bu topluluk mimari ve heykel sanatında çok büyük gelişme göstermiştir.

Bugünkü Guatemala'da inşa edilmiş olan bu heykel taş ormanında, geçtiğimiz yıllarda arkeologlar bir kral mezarı keşfettiler. (Bu mezarın yakınlarında bulunan taş anıtlarda yazılı hiyeroglifler de günümüzde bulunan en eski Maya yazıtlarından bazılarıdır.[7]) 1800 yıl önce hükümdarlık yapan bu kralın eşyalarıyla dolu olan mezarının etrafında 80 kadar yapı daha bulundu. Bu yapıların da bulunduğu kahve ağaçlarıyla gizlenmiş 6.5 kilometre karelik alanda arkeologlar çalışmalarını yapmak için öncelikle bölgenin bitkilerden arındırılmasını sağladılar. Ancak mezarın sahibi kral hakkında henüz pek fazla bir bilgi edinilemedi.

Arkeologlar Takalik Abaj'ın, erken Kolomb öncesi dönemde bölgenin en önemli ticaret ve kültür merkezi olduğunu düşünmektedirler. Bunun sebebi de buranın bir ticaret yolunun üstünde olmasıdır. Bu sitin Kaminaljuyu ve Guatemala'daki diğer dağlık sitler ve kıyı düzlüğündeki Chocolá ile olan ilişkileri, güçlü bir ticari etkisi olduğunu göstermektedir ve büyük olasılıkla bu durum kültürel gelişime de etki etmiştir. Ticaret yolunda Mayalara kakao ve tuz taşımış, onlardan bunun karşılığında obsidyen ve yeşim taşı almışlardır. Guatemala Kültür ve Spor Bakanlığı'nda görevli arkeolog Christa Schieber, Takalik Abaj'ın o dönemdeki önemini şu sözlerle anlatır: "Takaik Abaj, süreç içinde erken Kolomb öncesi dönemin en önemli ekonomi ve kültür merkezlerinden biri olmuştur"[8]

---

7 National Geographic Magazine, Mayıs 2004, Anıtların Mekanı, Cliff Tarpy
8 National Geographic Magazine, Mayıs 2004, Anıtların Mekanı, Cliff Tarpy

Bu şehir ilk kez 19. yüzyılın sonlarında keşfedildi. Bir botanikçi bu bölgede yaptığı çalışmalar sırasında, toprağın yüzeyinde blok halinde büyük taş parçaları olduğunu fark etti. Bunun üzerine yapılan arkeolojik kazılarda Mayalara ait 277 dikilitaş anıtı bulundu. Bu dikilitaşların üzerindeki hiyerogliflerin de Maya yazmaları olduğu saptandı. Bunlardan bazılarının en eski Maya hiyeroglifleri olduğu kanıtlandı. Artık bu bölge Ulusal Arkeoloji Sahası olarak koruma altına alınmıştır.

Dikili taşların pozisyonları, üzerindeki yazılar kadar anlamlıdır. Yapıdaki '7' adı verilen geniş platform üzerine özenle yerleştirilmiş dikili taşların konumu, buranın bir gökyüzü inceleme sahası olduğunu göstermektedir. Düzeni takip eden arkeolog Christa Schieber ve meslektaşları, etrafı 660 tane kap ile çevrili hiyegliflerle süslü bir dikili taş daha ortaya çıkardılar. "Daha derine doğru kazdıkça, törenlerde kullandıkları tütsünün karbon artığı kokusu heyecanımızı daha da arttırdı." diyordu Schieber.[9] Dikili taşın arkasında küçük bir binanın derinliklerinde ekip, kraliyet mezarını keşfetti. Tören kıyafetleri içerisindeki bu kral, M.Ö. 200 tarihinden daha önce yaşamış Takalik Abaj'daki yöneticilerin sonuncusuydu. Dikilitaşın yan yüzünde kralın iktidara geçişi resmedilmişti. Ön yüzünde de iki kral yüz yüze görülüyordu. Arkeolog Miguel Orrego Corzo, bu krallardan birinin bu mezardaki kişi olduğunu düşündü. Diğer Maya kraliyet mezarlarında olduğu gibi kralın bedeni yeşim taşlarıyla bezenmiş mücevherlerle kaplıydı. Yeşim kolyenin yanı sıra kemerden sarkan eşyaların arasında da yeşimden yapılma küçük bir tören maskesi vardı. Arkeologlar bu maskenin parçalarını temizleyip yeniden birleştirdiler.

---

9 http://www.usatoday.com/news/world/2004-05-10-maya-city_x.htm

Takalik Abaj'da hayatı kolaylaştıran detaylar bulunuyordu. Bu bölgede arkeolojik çalışmalar yapan Marvin Castillo, dağ eteğine inşa edilmiş bir merdiveni ortaya çıkardı. Bu merdivenlerin kent sakinleri tarafından yamaçlara tırmanırken kullandıkları düşünülmektedir. Ayrıca arkeolog ekibinden Schieber erken dönem Mayalarının içme suyu elde etmek için inşa ettikleri kanalı da ortaya çıkardı. Kalın bitki örtüsünün altında gizlenen bu kanala "saklı yer" anlamına gelen El Escondite adını vermişlerdi. Bu su kanalı günümüzde civardaki El Asintal köyüne hâlâ içme suyu sağlamaktadır.[10]

1842'de İki Serüvenci Sayesinde Dünyanın Tanıdığı Maya Şehirleri

"Eskiden bütün bu bölgede yine aynı dili konuşan ya da en azından aynı yazıya sahip olan tek bir halkın yaşadığına inanmak için elimizde yeterince kanıt var... Oysa biz kalıntıların arasına oturuyoruz ve bu gizemi çözmek için boşu boşuna düşünüp duruyoruz: Acaba, bu şehirleri kurmuş olan insanlar kimlerdi?"

John Llyod Stephens, Orta Amerika Vakıanamesi

John Llyod Stephens, 28 Kasım 1805'de New York-Shrewsbury'de doğmuştu. Hukuk öğrenimi görmüş ve üç yıl New York mahkemelerinde çalışmıştı. Özel merakı ise eski eserler ve eski uygarlıkların türlü izleriyle uğraşmaktı. Hiç

---

10 National Geographic Magazine, Mayıs 2004, Geçmişe Doğru Kazı, Kenneth Garrett.

kuşkusuz, Orta Amerika'nın eski şehirlerine ilk giden o değildi; ancak eserleriyle bu şehirleri büyük bir okur kitlesine tanıtan ilk kişi olmuştur. Otuz üç yaşında iken eline onu son derece heyecanlandıran bir belge geçti. Bu, Garlindo adında bir albayın, 1836 yılında Orta Amerika hükümetinin buyruğuyla yerliler arasında yaptığı araştırmaların raporu idi. Garlindo burada Yucatan ve Orta Amerika ormanlarında rastlanan garip ve çok eski mimarlık sanatının kalıntılarından söz ediyordu.

Bir askerin verdiği bu kısa haberler Stephens'ın oldukça ilgisini çekti. Başka kaynaklar aradı ve Guatemala'nın tarihini yazan Joarros'un eserlerine rastladı. O da Fentes adında birinden alıntılar yapıyordu. Bu kitaplarda, Honduras'ta Copan dolaylarındaki bölgede hala iyi bir durumda kalmış eski bir yapı topluluğu bulunduğu yazılıyordu. İşte bu izler, Stephens'in hemen Orta Amerika'ya bir yolculuk için hazırlık yapmasına yol açmıştı. Yol arkadaşı olarak da bir ressam ve mimar olan dostu İngiliz Frederick Catherwood'u seçmişti.

Orta Amerika'ya vardıktan sonra, yanlarına aldıkları yerlilerle bu kalıntıları bulmak için yola çıktıklarında son derece kötü doğa koşulları ve hızlı ilerlemelerini engelleyen bitki örtüsü ve ormanlık arazilerle karşılaşacaklardı. Arkeolojik serüvenleri bir öykü sadeliğiyle işleyen C. W. Ceram bu yolculuğu şöyle anlatıyor:

"Stephens ile Catherwood düşlerinde bile görmemiş oldukları bir yerle uğraşıp duruyorlardı. Kan revan içinde, baştan aşağı çamurla kaplanmış, gözleri kan çanağı gibi olmuş bir şekilde ilerlemeye çalışıyorlardı".

O sırada büyük olasılıkla şöyle düşünüyor olmalıydılar: Dünya yaratılalı beri el değmemişe benzeyen bu tekinsiz yerde mi taştan yapılar ve büyük binalar var?

Bu zor koşullar altında ilerlerken birdenbire, taşlardan, çok iyi örülmüş ve sağlam kalmış bir duvarla karşılaştılar. Biraz daha ilerlediklerinde ise üzerindeki süsleri ile oldukça görkemli duran bir dikme taş belirdi. Aşağı yukarı 3,9 m yüksekliğinde, 1,2 m genişliğinde ve 0,9 m kalınlığında olan bu taş, baştan aşağı kabartmalar ve süslerle kaplıydı. Acele hüküm vermemek için biraz daha ilerleyen iki serüvenci, ormanın derinliklerine girdikçe, bu garip kabartmalı taşlardan onlarcasına daha rastlayıp her birinin bir öncekinden daha kusursuz işlenmiş olduğunu gördüklerinde, doğru iz üzerinde olduklarının farkına vardılar. Çünkü, Nil deltasındaki anıtları görmüş olan ve böyle anıtların yüksek bir kültürün eseri olması gerektiğini bilen Stephens, Copan ormanında gördüğü bu anıtlar için sanat ve işçilik bakımından en azından Mısır'dakilere denk olduklarını söyleyecekti.

İşte bütün bu görmüş oldukları, hala eski görkemiyle karşılarına çıkan kaybolmuş Maya Uygarlığı'na ait kalıntılardı. Bölgede ilerledikçe daha başka anıtların yanı sıra piramitleri, sarayları ve tapınaklarıyla koskoca bir uygarlıkla karşılaşıyorlardı. Yol boyunca da Catherwood gördükleri bütün eserlerin resimlerini çizmeye çalıştı. Ancak 1842'de Stephens'in, gezi notlarını içeren kitabı ve hemen ardında da Catherwood'un çizdiği resimler yayımlanınca bütün ilgi bir anda Orta Amerika'nın gizemli bölgesinde toplandı.

Stephens ile Catherwood binbir zorlukla Copan'dan öteye gitmişler, Guatemala'ya girmişler, Chiapas ve Yucatan'ı dolaşmışlardı. Onların yazı ve resimle belgeledikleri şeyler bugün de arkeoloji için önemli belgeler arasında sayılmaktadır.

Mayalar ansızın herkesin gözü önüne çıkıverince, bu halk hakkındaki bir sürü varsayım ve tuhaf anlam çıkarmalar da peşi sıra geldi. Mayalar eski dünya kültürlerinin düzeyinde bir kültüre sahipti. O zamanda ancak mimarlık yapıtlarına dayanılarak varılan bu yargı, daha sonradan matematikteki yüksek gelişim düzeylerinin anlaşılmasıyla pekişti. Araştırmacıların birden ilgi odağı haline gelen bu uygarlığın nereden geldiği gibi birçok soruya yanıtlar aranmaya başladı ve çok sayıda varsayım ileri sürüldü. Kuzeyden bir göç sonucu geldiklerini öne sürenlerin yanı sıra, İsrailoğullarından bir boy olduklarını ileri sürenlere bile rastlamak mümkündü.

Catherwood'un eserlerinde yer alan Maya anıt ve heykellerine bakanlardan bazıları heykellerin şaşılacak derecede Hint putlarına benzediğini, bazıları da piramitlerin Mısır'dakilere benzediğini söylüyorlardı. Maya mitolojisinde yer alan bazı kanıtlar da Doğu'nun kutsal diyarı Kudüs'ü çağrıştırıyordu. Bugün bile, daha iyi temellere dayanmakla birlikte bu çekişmelerin sonu gelmiş değildir.

M.S. 900'den Sonra Maya–Yucatan

Fransız fotoğrafçı, arkeolog ve seyyah Claude-Joseph Désiré Charnay, *Yucatan'a Yolculuk* (1863) isimli eserinde şunları söylemektedir: "Yucatan, Amerika kalıntıları bakımından kuşkusuz en zengin ülkedir; tüm ülke kuzeyden güneye bu kalıntılarla doludur ve bu özgün uygarlığın en bol, en önemli ve en olağanüstü örneklerini de burada bulmak mümkündür."

Klasik devirde Yucatan'da gelişen merkezler 10'uncu yüzyılda parlaklığını kaybetti. Bununla birlikte bu devri, Toltec etkisi altında kültür yönünden bir canlanma devri izledi. 987'ye doğru kurulan Chichen İtza, aşağı yukarı 1204'e kadar konfederasyonu yönetti. Bu tarihlerde Mayapan ve Izamal hükümdarlarının ayaklanmaları Chichén Itzá'nın hakimiyetine son verdi. Bunu Mayapan şehrinin hakim olduğu bir devir izledi. M.S. 1200 yıllarında kuzeyde yaşayan Mayaların, Toltek toplumuna karışmaları nedeniyle Maya hanedanlığı kısmen son buldu. Buna rağmen, M.S. 1400'lü yıllara gelindiğinde Maya Uygarlığı'nın önemli bir bölümü varlığını sürdürmekteydi ve Mayapan kenti Yucatan bölgesinin başkenti ilan edildi. M.S. 1441 yılında başkentte çıkan bir ayaklanmadan sonra bu şehir de halk tarafından boşaltıldı. Bu gelişmelerin ardından çoğu birbirleriyle çekişen birçok ayrı topluluk ortaya çıktı. Mayapan'ın düşmesinden sonra, Yucatan siyasi yönden, birbirinden bağımsız 18 kadar savaşçı hükümete bölündü. Kültür yönünden ise Yucatan şehirlerinden Chichén Itzá'nın düşmesinden itibaren bir gerileme yaşandı.

1511'de, gemi kazasına uğrayan on iki kadar İspanyol, Yucatan sahillerine vardı. Mayalar bunların çoğunu kurban ettiler. 1517'de Francisco Hernandez de Cordoba, Yucatan kıyılarına ilk keşif gezisini yaptı. Francisco de Montejo 1527-1528 ve 1531-1535 yılları arasında Yukatan'ı ele geçirmek için iki kere teşebbüse geçtiyse de başaramadı. Fakat oğlu Küçük

Francisco de Montejo 1540-1546 arasında Yucatan'ı İspanya Krallığı'nın bir parçası haline getirmeyi başardı.

En Büyük Maya Şehri: Tikal

Tikal, bugünkü Guatemala'nın El Peten bölgesinde yer almaktadır. Maya dilinde Tikal, "Seslerin Yeri" ya da "Dillerin Yeri" anlamına gelir. Antik hiyerogliflerde ise şehrin adı "Yeşil Yumağı" ya da mecazi anlamda "İlk Kehanet" olarak çevrilen Mutal ya da Yax Mutal olarak geçmektedir.

M.S. 50-250 Klasik öncesi dönemde El Mirador, Komchen veya Cerros ortadan kalktı. Tikal ve Dzibilchaltun varlıklarını kabul ettirdi. Maya Medeniyeti'nin bir zamanlar en yoğun nüfuslu şehri olan Tikal, aynı zamanda zengin bir kültür merkeziydi. Bugüne kadar yapılan arkeolojik çalışmalarda ortaya çıkarılan eserler bu zenginliği tüm çıplaklığıyla ortaya koymaktadır. On altı kilometre karelik bir alana yayılan Tikal'de 4000'den fazla yapı, sıra sütunlar, zafer takları, gözlemevleri, özel evler ve tropikal ormanın tepesinden bakan dev piramit tapınaklar (47-70 m) ortaya çıkarıldı. M.S. 500'den 900'e kadar yeniden oluşturulan kentte, bu tarihten 1000 yıl kadar öncesine uzanan kuruluşlar göze çarpmıştır. En gelişmiş döneminde nüfusunun 100.000-200.000 olduğu tahmin edilmektedir. Eğer günümüz örnekleriyle bir kıyaslama yapılacak olursa Tikal, New York, Copan ise Paris gibiydi. Bu şehirde anıtsal mimari M.Ö. 4'üncü yüzyılda başlamıştır. Resimlerle süslü mezarlarda bindirmeli tonoz kullanılmıştı. Yaklaşık M.Ö. 200 ile M.S. 850 arasında şehir en parlak dönemini yaşadı. Bu dönemde Tikal'in başındaki kraliyet hanedanı üstün bir siyasi güç elde etti ve bu üstünlük Maya dünyasının büyük bir bölümünde kabul gördü. Tikal, orta Meksika'da bulunan büyük metropol Teotihuacan ile kurduğu ilişkiler nedeniyle böyle bir güç elde etmiş olabilir.

M.S. 562 yılının ilkbaharında Tikal saldırıya uğradı ve yenildi. Bundan sonra çıkan ayaklanmada kraliyet ailesi ormana taşınıp orada kendi şehirlerini kurdular.

Tikal'de bilinen son yazılı tarih 879'dur. Bu dönemden sonra hiçbir yeni anıt inşa edilmedi. Soyluların bazı sarayları yakıldı. Sağ kalanlar piramit ve saray yıkıntıları arasında bir süre daha yaşamaya devam ettiler. 10'uncu yüzyılın sonlarına doğru aradan birkaç kuşak geçince şehir tamamen terk edildi. M.S. 1695'de Tikal'in kalıntıları ormanda kaybolan İspanyol rahip Peder Avedano ve arkadaşları tarafından bulundu. Bu Maya şehrinde yüzlerce belirgin antik bina vardır. Bunlardan ancak çok az bir kısmı onlarca yıldır yürütülen arkeolojik çalışmalar sonucunda ortaya çıkarılmıştır. Tikal'in yüksekliği yaklaşık kırk metreyi bulan II. Tapınağı büyük meydanda, I. Tapınağın karşısında yükselmektedir. 8'inci yüzyılın hemen başına ait olan bu tapınak, kat kat dizilmiş yüzeyleri giderek daralan üç platform üzerine oturur. Tapınak (birbirine bağlı üç oda), piramidin tepesindeki yüksek ve dar platforma inşa edilmiştir.

Tikal harabeleri yağmur ormanlarının içinde yer alır. Tikal parkının içindeki tropik sedir ağacından, maun ağaçlarına kadar göz alıcı dev ağaçlar vardır. Fauna'ya uygun olarak maymunlar, hindiler, guanlar, tukanlar buralarda görülürler. Hatta jaguar ve koatilerin kükremelerinin duyulduğu bile söylenmektedir. Guatemala'daki Tikal Ulusal Parkı'nın bir bölümü Unesco'nun Dünya Mirası Alanı'dır ve turistleri buraya çeken popüler bir merkezdir.

Bu büyük Maya şehri ilk kez 17'inci yüzyılda, ikinci ya da üçüncü ağızdan kaynaklar tarafından yazılı belgelerle dünyaya tanıtıldı. Bunu 19'uncu yüzyılda John Lloyd Stephens takip etti. Tikal'in günümüz modern şehirlerine uzaklığı nedeniyle 1848 yılına kadar herhangi bir bilimsel keşif heyeti bölgeyi ziyaret etmemiştir. 1951 yılında harabelerin yakınına ufak bir uçak pisti inşa edilmiş, bu tarihten sonra bölgeyi ziyaret daha kolay hale gelmiştir. 1956-1970 yılları arasında Pennsylvania Üniversitesi tarafından geniş çaplı arkeolojik kazılar yapılmıştır. 1979 yılında ise Guatemala hükümeti devreye girmiş ve günümüzde halen devam etmekte olan arkeoloji projesini başlatmıştır.

Tikal kenti

Tikal Piramidi

Palenque kenti

Palenque Piramidi

3000 YILLIK MAYA ŞEHRİ PALENQUE

Bu eski Maya şehri bugün Meksika'nın Chiapas eyaletinde Usumacinta Nehri'nin yakınında kurulmuştur. Tikal ve Copan gibi büyük şehirlere göre orta büyüklüktedir ancak Mayaların en nadide mimari, heykel ve rölyef işçiliğinin görüldüğü yerdir.

1567 yılında Palenque harabelerini ziyaret edip, döküman hazırlayan ilk Avrupalı, Peder Pedro Lorenzo de la Nada idi. O zamanlar yerel Mayalılar buraya "Dayanıklı evleri olan yer" anlamına gelen Otolum adını vermişlerdi. Peder de la Nada ise bu kelimeyi İspanyolca'ya kabaca çevirerek istihkam anlamına gelen Palenque ismini verdi. Antik zamanlarda ise bu şehre Lakam Ha denirdi. Bunun anlamı "Büyük Su" veya "Geniş Su"dur. Şehrin içinde fazla sayıda su kaynağı ve şelale olduğu için muhtemelen bu isim verilmişti. Palenque, önemli bir klasik dönem Maya şehir devleti olan B'aakal'ın başkentiydi.

Bu sit Klasik öncesi dönemin ortalarında kurulmuş olmasına rağmen, ancak birkaç yüzyıl sonra önem kazandı. 600'lerde bugün bilinen ünlü yapılar inşa edilmeye başlandı. B'aakal, M.S. 5'inci ve 9'uncu yüzyıllar arasında Maya medeniyetinin geniş ve yaşamsal merkezlerinden biriydi. M.Ö. 1500 - M.S. 300 arası Maya kültüründe Klasik öncesi dönem olarak isimlendirilir. Bu dönemde Maya dili gelişmiştir. Bu sırada, Güney Meksika'da Olmek kültürü de gelişmektedir. Olmekler Orta Amerika'da "ana kültür" olarak değerlendirilirler. Yazı sistemi, uzun sayım takvimini geliştirmişlerdir. Olmeklerin Maya kültürünün gelişimi üzerinde kayda değer bir etkisi olmuştur. Mayalar, Olmeklerin yeteneklerini ve tecrübelerinden faydalanmış ve onlardan daha da gelişmiş bir medeniyete ulaşmışlardır. Görünen o ki Maya ve Olmek kültürlerinin birleşimi sonucunda bir kültür patlaması yaşanmıştır. Arkeologlar tam olarak sebebini bilmemelerine rağmen M.Ö. 300 ile M.S. 300 arasında Maya topraklarında mimari, yazı, takvim hesaplamalarında aşırı bir gelişme olduğunu ortaya çıkarmışlardır. Aynı zamanda nüfusda da bir artmış saptanmıştır. El Mirador, Kaminaljuyú, Río Azúl and Tikal gibi büyük şehirler bu zamanda kurulmuştur. Ancak Maya şehirleri sık sık birbirleriyle savaşmışlardır.

Tumbala dağlarının eteklerindeki açık alanda kurulmuş bu şehirden kalan süslü piramitler ve yıkık tapınak duvarları yedi mil boyunca uzanır. Yüzyıllar boyunca ormanın içinde saklı kalan bu kent, artık ağaçların yavaş yavaş temizlenmesiyle.tüm ihtişamını gözler önüne sermiştir. Arkeologlar kimi 37 metreyi bulan ağaçları keserek bu saklı eserleri ortaya çıkarmışlardır.[11] On beş kilometre karelik bu arazi içinde beş yüzden fazla piramit vardır ve henüz bir kısmı kazılarla ortaya çıkarılabilmiştir. Son yıllarda ancak yüzeyi temizlenebilen Palenque'deki yapıların altında daha eski eserlerin de bulunduğu keşfedilmiştir. Arkeologlar burada M.Ö. 1000 yılına ait büyük şölen merkezini de bulabileceklerini ummaktadırlar. 1987 yılında Palenque şehrinin kalıntıları UNESCO Dünya Mirası olarak kabul edilmiştir.

Palenque'yi diğer şehirlerden ayıran bir özelliği kazılarda ortaya çıkarılan günlük hayata ait parçalardır. Maya şehirleri genelde bir tören merkezi niteliğindedir. Ancak Palenque'de profesyonel denilebilecek mükemmellikte yapılmış mutfak eşyalarına ve ocak ateşi kalıntılarına rastlanmıştır. Yani bu şehir diğer pek çok Maya şehirlerinin aksine güncel halk yaşamın da devam ettiği bir merkezdi.

Palenque'deki piramitlerin diğer şehirlerdekilere kıyasla iyi korunmuş olmasının sebebi inşa tekniğindeki farklılıktır. Diğer şehirlerde piramitlerin üstüne inşa edilen tapınaklar ahşaptan yapılmıştı. Oysa Palenque'de yapı malzemesi olarak ahşap yerine taş kullanılmıştır. Piramitlerin üstüne çok hücreli taş tapınaklar oturtulmuştur.

Palenque M.S. 4'üncü yüzyıl ile 9'uncu yüzyıl arasında en görkemli dönemini yaşamıştır. M.S. 10'uncu yüzyılda ise şehir terkedilmiştir. İspanyollar gelmeden çok önce şehir zaten sessizliğe bürünmüştü. 1520'lerde Hernan Cortès ve ekibi buranın 12 km yakınından geçtikleri halde bu terkedilmiş şehri

11 Kayıp Uygarlıklar, Rupert Furneaux, 1976

fark etmediler. 17'inci yüzyılda Kızılderililerin bir misyoner olan Senyör Fray Ramon Ordonez v Aquiar'a ormanda "taş evlerin" olduğunu söylemeleri üzerine şehir keşfedilmiştir. Senyör bu keşfini anlatan bir kitap da yazmış ancak daha sonra bu kitap ve dokümanların çoğu İspanyol arşivlerinde kaybolmuştur.

III. Carlos, İspanya Kralı olmadan önce Napoli Kralı'ydı ve Pompei'ye yapılan ilk keşif gezileri için gerekli olan parayı da o sağlamıştı; ayrıca çok önemli bir klasik arkeoloji koleksiyonunun da sahibiydi. Kral Guatemala Valisi'ne, kazılar yaparak araştırmalara devam etme emri verdi. Bu arada yüzbaşı Antonio del Rio'yu mimari yapıları incelemesi için görevlendirdi. Del Rio mümkün olduğunca çok örnek toplayarak kraliyetin emirlerini harfi harfine yerine getirmeye çalıştı.

Bir kalıntıda yalancı mermerden yapılma bir baş, bir diğerinde oyma süslü bir pano gördü ve hepsini bulundukları yerlerden söküp çıkardı. Ayrıca, oymalı ayaklarından birini sökerek taştan yapılma bir tahta büyük zarar verdi. En iyi korunmuş olan oyma süslemeleri zedeleyerek yalancı mermer üzerine işlenmiş bir yazıyı okunaksız hale getirdi. Saray bölmelerindeki odaların çeşitli yerlerine delikler açtı. Bu yağmanın sonucunda ele geçirilenler, Madrid'e, Kraliyet Doğa Bilimleri Kabinesi'ne gönderildi. Antonio del Rio'nun Palenque ile ilgili eseri 1822 yılında Londra'da yayınlandı. Kitap kayıp Maya Uygarlığı'nın araştırılması konusuna ilgiyi arttırdı.

Palenque'nin bir kez daha keşfi John Stephens ve Frederick Catherwood tarafından 1839'da gerçekleşmiştir. Tüm Maya ülkesini kaplayan geniş çaplı keşif gezisi sırasında, 1840 yılının yağışlı bir gününde at sırtında Palenque'ye ulaştılar. Burada yaptıkları çalışmaları "Orta Amerika Chiapas ve Yucatan'a Seyahat" adlı iki ciltlik bir eserde toplamışlardır.

Palenque'nin Bir Sırrı: 1000 Yıl Dayanan Beton Harcı

Palenque'deki en büyük ve en süslü yapı "Saray"dır. 12 metre yüksekliğinde ve iki futbol sahası eninde terası kaplayan ve büyük meydan diye bilinen bir merkezi bulunmaktadır. Sarayın temel yapı özelliği Mayaların genellikle kullandığı, yanları basamak şeklinde sivri tepeliktir. Bu içteki birbirine paralel duvarların üst kısımlarının hemen hemen birbirine değecek biçimde meyillendirilip aradaki açıklığın düz taş dilimleriyle kapanması ile yapılmaktadır. Palenque'deki meydanı çevreleyen diğer önemli yapılardan ikisi Yazıtlar Tapınağı ve "Yapraklı Haç Tapınağı"dır. (Haç ilk Güneş – zenit kavuşumunun simgesidir.) Hiyeroglif tabletleriyle tanınan Yazıtlar Tapınağı, Maya eserleri arasında günümüze kadar korunan en iyi örnektir.

Binalardan çoğu, özel alçı oymaları ile süslenmiştir. Stephens ve Catherwood yazılarında bu alçı süslemelerin bilinmeyen bir ağaç kabuğu özü ile çimento karışımından olduğunu yazmışlardır. Bu alçı süslemelerin güçlü yıkıcı etkiye sahip tropik iklime bin yıl boyunca direnmesinin nedeninin bu gizli karışım olduğu düşünülmektedir. Bugüne kadar bu beton harcı formülünün çözülemediği söylenmektedir.[12]

---

12 Eski Doğu'nun İzlerini Taşıyan Bir Maya Şehri, Richard F. Dempewolff

Mayalarda, taş işçiliği, diğer medeniyetlere kıyasla son derecede özenli, inceliklidir. Mükemmelin arayışı içinde oldukları geride bıraktıkları eserlerden açıkça anlaşılmaktadır. Mayalarda kemer ve kubbe mimari tarzı da ilk kez Palenque'de kullanılmıştır.[13]

Palenque Taşınındaki İlginç Oyma

Bilim adamlarını hayrete düşüren Kral Pakal'ın aracı neydi? Kral Pakal'ın lahitinin üzerindeki figür hakkında halen çeşitli spekülasyonlar yapılmaktadır. Ancak ortada bir gerçek vardır ki Mısır, Maya gibi medeniyetler bizim tahminimizin çok üstünde bir bilgiye sahiptiler. Arkeolojik kazılarda ortaya çıkarılan bulgular tarihe klasik bakış açımızı yıkmaktadır. Sümerler, Mısırlılar ve Mayaların eserleri onların bugün bile halen anlaşılamayan bilgi birikimine ve teknolojiye sahip olduklarını göstermektedir. Charles William Johnson şöyle bir benzetmeyle Mayaların ne kadar ileri görüşlü bir zekaya sahip olduklarını anlatır: "Herhangi biri çıkıp Pakal'ın resminin, Leonardo da Vinci gibi ileri görüşlü bir Mayalı tarafından çizilmiş olduğunu ileri sürebilir. Pakal heykelinin sanatçısı Da Vinci'ye eş değer bir hayal gücüne sahip olabilir."[14]

1952 yılında Meksikalı arkeolog Alberto Ruz Meksika'da Chiapas bölgesinde bulunan "Palenque Yazıtları Tapınağı" içinde bir yeraltı mezarı keşfetti. Tapınağın girişindeki 620 yazıtı deşifre eden bilim adamlarına göre burası Kral Pakal'ın mezarı olmalıydı. Sembollere göre Palenque'de doğmuş, 12

13 Milliyet Sanat Dergisi 1/12/1983

14 http://www.earthmatrix.com/serie26/pakal-09.htm#PAKAL%20OBSERVA

yaşında Maya İmparatorluğu'nun başına geçmiş ve 80 yaşında ölene dek 65 sene boyunca görevinin başında olmuştu.

Mezarının en ilginç tarafı üzerindeki kapak taşıydı. Lahit, 5 ton ağırlığında, 3,80 m. uzunluğunda, 2,20 m. genişliğinde ve 25 cm. kalınlığındaki bir taşla örtülmüştü ve bu taşın üzerinde de son derece enteresan bir oyma vardı. Mayaların taşı oyma biçimleri son derece mükemmeldir. Özellikle taşa astronomi, matematik, geometri, mineral bilimi gibi teknik konuları işleyebilmiş olmaları bilim çevrelerinde hayranlık uyandırmıştır. Pakal'ın lahitinin üstündeki taş kapağın üstüne ise Pakal'ın kendisi resmedilmişti. Ancak bu sıradan bir çizim değildi. Pakal bu çizimde motosiklete binen biri gibi eğilmiş rokete benzeyen bir aracın üzerinde görülmektedir. Araç ön bölümünde ince bir uzantı meydana getiriyor, biraz aşağıya inince kenarları çentikleniyor ve en altına doğru daha da genişleyerek, alevler püskürten bir roket biçimini alıyordu. Elleriyle kontrol kollarını yönetiyor, sol ayağıyla da pedal görünümünde bir şeye basıyordu. Aracın arka kısmı da alevler püskürten bir roket görünümündeydi. Pakal'ın resimdeki kıyafeti oldukça düzgün ve kafasında da astronot başlığı görünümünde süslü bir şapka vardı.

Pakal'ın bu ilginç görünümlü resmi incelemelerin daha da yoğunlaşmasına sebep oldu. Bu taşın üstündeki aracı mekanik ve mühendislik bakımından çok detaylı inceleyen Charles William Johnson şu açıklamayı yapmıştır: "Biz, resimde görülen figürün üstünde oturduğu aracın hareket ve basit mekanik kurallar açısından analizini yaptık. Araç parçalarının, oymanın kendisinde de belirtilen yönler doğrultusunda döndürülebileceğini gösterdik. Yaptığımız çalışmalar neticesinde, aracın kalkış ve uçuş pozisyonlarını gösterdik. Ortaya çıkan çizimler, en azından bugün atmosferimiz dışına bir yolculuk olarak bildiğimiz bir durumu son derece açık bir biçimde ortaya koyuyor. Ancak önemli olan bir şey varsa, o da kadim kültürler boyunca olayların diğer nesillere aktarılmasını sağlamak için taşlara kayıt tutulduğudur. Bilimsel bilgilerini sanat eserlerine aktarmalarındaki kesinlik, böylesine başarılı standartları nasıl elde ettikleri konusunda hala merakımızı cezbediyor. Olayların kayıtları herkes tarafından bilinmesi için taşlara oyulmuştu. Böylece sadece kendileri değil, sonraki nesiller de bunları bilebilecekti. Aslında, yaptığımız incelemelerden gördüğümüz üzere, bilginin bu şekilde kayıt edilmesinde onun öğrenilmesine izin vermek ve anlaşılmazlığını göstermek maksadı vardır. Aslına bakılırsa bilgi saklı değildi; o heykellere ve mimariye bu şekilde kilitlenir ve kodlanırdı. Bu öyle bir doğrulukla yapılır ki onu inceleyen herhangi biri mantığını anlayacaktır. Bilgi herkes içindir; herkesin görmesi için oradadır. Bu, onun bakanlar için, onu görmek isteyenler için orada olduğu anlamına gelir. Atalarımızın, herkesin üzerinde düşünmesi ve ondan bir şeyler öğrenmesi amacıyla yaptıkları ve bugüne dek ayakta kalabilmiş eserlerini tasarlama yöntemleri budur."[15]

Bu rölyef kabartmanın tarihinin M.S. 690 yılı civarı olduğu saptanmıştır. Bu dönemde henüz hiçbir hava taşıtı yoktu; Rölyef üstündeki yazıtı inceleyen ilk arkeologlara göre, mezar Kral Pakal'a aitti ve üzerine resmedilmiş insan da Kral Pakal'ın ta kendisiydi. Ancak yapılan daha dikkatli incelemeler, öne sürülen tezlere çok farklı bir boyut kazandırdı. Kalıntılar üzerinde yapılan bilimsel araştırmalar gösteriyordu ki; iskelet Kral Pakal'a ait olamazdı. Pakal 80 yaşında ölmüştü, oysa buradaki kalıntı 40-50

15 http://www.earthmatrix.com/serie26/comment.htm#COMMENT

yaşlarındaki bir adama aitti. Bu iskelet aynı zamanda kısa boylu, ufak tefek yapılı Mayaların soyundan gelen hiç kimseye de ait olamazdı, çünkü lahitin içinden çıkan iskelet 1,70 m. boyundaydı. Şehirde lahit kapağındaki rölyef kabartmaya son derece benzer başka taş oymaları ve yazıtlar bulunmuştu ve buradaki figürler aynı Palenque Taşı'ndaki adama benziyordu ve aygıtlarla dolu bir çeşit roketi ya da kapsülü kumanda ediyorlardı.

Aktif Bir Kültür Şehri Copan

Bilimsel keşifler ilk Copan'da başlamıştır. En büyük şehir olmamasına rağmen çok hareketli bir 400 yıl geçirmiştir. Şehir restorasyondan geçmiştir. Astronomlar, sanatçılar, heykeltıraşlar, mimarlar, mühendisler, yazmanlar bu şehirde yaşamışlardı. Daha önce belirttiğimiz gibi Tikal Newyork ise, Copal Paris'ti.

Copan vadisinin verimli bir bölge olmasından dolayı halk burada yerleşmişti ve genellikle mısır çiftçiliği ile uğraşıyorlardı. M.S. 400'de Roma'nın çökmeye başladığı dönemde vadide büyük bir değişim oldu. Ormanda binalar yükselmeye başladı. Beyaza boyanmış şehir merkezinde binlerce kişi toplanabiliyordu. Bu merkezi de rengarenk binalar çevreliyordu. Kakao, yeşim, kuştüyü, tütün ticareti yapıyorlardı. Copan'da ayinsel anlamı olan bir top sahası bulunuyordu. Top oyununun amacı elleri ve ayakları kullanmadan ağır kauçuk topu hareket halinde tutmaktı. Ancak sonucu Mayaların pagan dinlerine hizmet etmekteydi. Bu konuya *"Mayaların Kesik Başla Top Oyunu"* başlıklı bölümde değinilmiştir.

Bir zamanlar bu binaları süsleyen otuz binden fazla taş heykel parçası vardı. Arkeologlar taşları bir araya getirerek, binaları tekrar oluşturdular. Copan'daki hiyeroglif merdiven, yeni dünyadaki en uzun yazıttı. Ancak eski arkeologlar bu yazıtı, sırasını bozarak bir araya getirdikleri için bugün yazıtı ancak parça parça okuyabiliyoruz.

Copan'daki on altı numaralı tapınak, tipik bir kraliyet yapısıydı. Mayalar için bazı mekanlar kutsaldır. Bu yüzden tapınaklarını üst üste inşa ederlerdi. Mevcut binaların üst kısmını yıkar, geri kalan kısmın çevresini ağır dolgu malzemesi ile doldurur, çevresine yeni bir bölüm inşa ederlerdi. Arkeologlar, bu sonradan eklenen kısmı kazdıkça tünellerden oluşan bir labirente ulaştılar. İlk iki yapının içinde üçüncü bir yapı vardı. Toz, toprak temizlenince orijinal boyaları korunmuş masklar ve canlı renklerle boyanmış heykeller buldular.

Bir kapıda bulunan gizli bir delikte, çakmak taşından oyulmuş dokuz bıçak bulundu. Bu bıçaklar 1300 yıldır saklı idi. Bunlar büyük ihtimalle törenlerde kullanılıyordu. Kenarları çok keskin bıçakların üzerlerindeki yüzler ya kraliyet ailesinin atalarını ya da kurban edilenleri gösteriyordu. Günümüzde kimse böyle bir şey yapacak beceriye sahip olmadığından, bu narin işlenmiş bıçakların yapımının ne kadar vakit aldığı ve o dönem nasıl bir cisimle işlenmiş olabileceği bilinmiyor.

Klasik Maya'nın en parlak döneminin M.S. 7'inci yüzyılda yaşanmış olma olasılığı bulunmaktadır. Bu dönemde birçok Maya Krallığı'nda çok sayıda bina yapılıyordu. Bazı şehirler yollarla birbirine bağlanmıştı. Aralarında yoğun ticaret vardı. Copan güney sınırında olmasına rağmen, Maya dünyasının kuzeyinde gerçekleşen olaylar Copan'ı da etkilemiştir. M.S. 738 yılında Copan, Quirugua istilasına uğramış ve kralları önce esir edilmiş sonrada kafası kesilmiştir. Bu dönemde halk ümitsizliğe düşmüştü. Aynı zamanda nüfus artmaya devam ediyordu. Şehir büyüdükçe ve yerleşim için çekici hale geldikçe, alüvyonlu topraklar evlerle kaplandı, halk yiyecek kaynaklarını kaybetti. Vadide geniş çaplı erozyonlar meydana geldi. Daha az yağmur yağması nedeniyle de halk burada yaşayamaz hale geldi. 20 yıl sonra Copan terk edildi ve diğer Maya şehirlerinin akıbetine uğradı yani yüzyıllar süren bir sessizliğe büründü.

İspanyolları Hayrete Düşüren Chichén Itzá

Yucatan bölgesi Meksika'nın en güneyinde, Atlantik Okyanusu'na uzanan burunda Uxmal ve Chichén Itzá gibi iki önemli Maya merkezini barındırır. Chichén, "kuyunun ağzı" demektir. Burada Mayalar M.S. 400-600 yılları arasında yaşamışlar, sonrada terk etmişlerdir. 200 yıl boş kaldıktan sonra Toltek etkisindeki İtzalar 1200 yılına kadar yeniden yerleşmişlerdir. Yeşili, suları bol bir bölgedir burası. Mayaların "mükemmelliğin" peşinde nasıl koştuklarını, yaşam tarım, sanat, bilim, matematik ve astronomiyi nasıl birleştirdiklerini görmek için Chichén Itzá eşsiz bir örnektir.

Chichén Itzá'da "Ekinoks Sarayı" (Bahar noktası sarayı) 365 basamak üzerine kurulmuş, bu sarayın her bir taşı takvim hesabına göre yerine konulmuş. Piramidin her yüzeyi bir mevsimi simgelemektedir. Yılın her gününde basamaklara düşen gölge farklıdır. Mayalı rahipler bu gölgelere bakarak, hasadın nasıl değiştirileceğine, ne ekilip ne biçileceğine karar veriyorlardı. Bu piramitte mükemmel gölge oyunları oluşmaktadır. Piramidin dibinde toprağa yakın yerde kutsal yılanbaşı heykeli bulunmaktadır. Yılda bir gün (21 Mart-geceyle gündüzün eşit olduğu, güneşin bahar noktasında bulunduğu gün) piramidin tepesinden aşağıya öyle bir gölge vurur ki, karanlığın (gölgenin) içinde bir ışık, piramidin en tepesinden aşağıya doğru kırıla kırıla inip, aşağıdaki yılanbaşıyla birleşir. Bu gün Mayaların putperest inancına göre yılanın gökyüzünden yeryüzüne indiği gündür.

Chichén Itzá'daki tüm tapınaklar, saraylar, astronomi kulesi, hep güneşin ayın, yıldızların hareketlerine göre hesaplanıp yapılmıştır. Her basamağın, her yüksekliğin, durup dururken bir alanı bölen ve gereksiz zannedilen tüm duvarların hep bir işlevi vardır. Örneğin amaç ya belirli bir gölge-ışık ya da istenilen bir akustiği sağlamaktır.

Akustik Mayalar için çok önemliydi. Piramitleri de akustik bir araç işlevi görmekte sesleri toplayıp dağıtmaktaydı. Sanatta da ileri bir topluluk olan Mayalar çeşitli müzik aletlerini geliştirmişlerdi. Aynı çalgının, aynı telinden yer değiştirerek, iki basamak çıkıp, beş basamak inerek farklı sesler elde etmişlerdir.

Chichén Itzá ya da Uxmal'da bütün bu yapıları süsleyen heykellere, kabartmalara, duvar resimlerine gelince: Her ne kadar dine yönelik olsalar da, ilahları, yarı ilahları, çeyrek ilahları hep insan biçimini almıştı. İnsan biçimleri gerçekçi bir tutumla özenli ayrıntılarla (giysiler, saç biçimleri, bedenin duruşu vb.) ve fantastik boyutlarla ele alınmışlar, yalnız ilahlarına ilişkin konuları değil, güncel yaşamı, tarımı, savaşları, törenleri, kadınları, çocukları da resimlemişlerdir.

Değerli taşlardan yapılmış ayin maskeleri, çarpıcı, incelikle işlenmiş altın takılar, evde, mutfakta kullanılacak seramik kap kacaklar (seramiğin tapınmak için değil, ev için kullanılması ilk Mayalarda görülmüştür) estetik kaygısının Chichén Itzá ve Uxmal'daki diğer örnekleridir.

Chichen Itza Piramidi

Dünya'nın ilk basketbol potası Chichen Itza'da kullanıldı

"El Castillo"nun 365 Basamağı;

Ağaçlar seyrekleşip büyük meydana girildiğinde, Chichén Itzá'nın ünlü piramidiyle karşılaşılır. Dört yanında, her biri 91 basamaktan oluşan, sarp, dar, taş merdivenin bulunduğu 30 metre yüksekliğindeki bu piramide yöre halkı "El Castillo", yani kale demektedir. El Castillo, Maya dininin putlarından olan Kukulcan'a ithaf edilmiştir. Bundan dolayı bu yapıya "Kukulcan Piramidi"de denir. Piramitte dört merdiven ve her merdivende 91 basamak bulunur. Dört merdivenin basamak sayısının toplamı 364 ediyor, buna en üstteki tapınak platformu da eklendiğinde, yılın gün sayısı olan 365 rakamı çıkıyor. Merdiven başları pagan dinlerince kutsal sayılan kuş yılanı "Kukulkan"ın heykelleriyle süslüdür. İblislerin başları, dinsel ayinlerde kurban edilmiş insan kemiklerinin ve onların altın mücevherlerinin bulunduğu doğal bir kuyuyu işaret etmektedir. 10'uncu veya 11'inci yüzyılda inşa edildiği sanılan bu simetrik mimari eser, kilometrelerce uzaktan görülebilmektedir.

Buraya akın eden yerli ve yabancı turistlerin en büyük eğlencesi, piramidin en üst noktasına çıkıp, inmektir. İnsanın yerinde otururken düşünmesi gayet kolay ancak, gerçekleştirmesi oldukça güç bir tırmanıştır bu. Genellikle yüksekten başı dönmeyen ve bir de tehlikeyi fark edemeyecek durumda olanlar, bu merdivenleri çıkıyorlar. Çıkması nispeten daha kolay; çünkü arkanızı görmüyorsunuz. Ama inerken adeta engin bir uçuruma doğru kendi adımlarınızla yaklaşıyorsunuz. Piramidin yakınında 24 saat tam teçhizatlı bir ambülans bekletiliyor. El Castillo'nun biraz ilerisinde, Bin Sütunlu Tapınak ya da

Savaşçılar Tapınağı adı verilen yapıtlar duruyor. Bin sütundan bugün ayakta kalan sütun sayısı 221'dir.

Rasathanesi, stadyumu ve kutsal kuyu "cenote"sini de gördükten sonra, İspanyolların 500 yıl önce bu uygarlık karşısındaki şaşkınlıklarını bugün buraları gören yirmi birinci yüzyıl insanları da aynen yaşıyor.

Chichén Itzá, Maya kültür ve sanatının en açık temsil edildiği yerdir. 1517 yılında İspanyollar, büyük kültürel soygunun öncesinde durum değerlendirmesi yapmak için Yucatan'a uğradıklarında, karşılarında ilkel kabileler bulacaklarını sanırlarken, gelişmiş bir uygarlığın izleriyle karşılaştıklarında, şaşkınlıklarını gizleyemememiş, yalnız mimari, güzel sanatlarda değil, astronomi ve matematikte de gördüklerinden etkilenmişlerdi. Mayaların ünü böylelikle Avrupa'ya kadar ulaşmıştır. 1519'da ise Kuzey Meksika'dan istilaya başlayan İspanyolların (kendilerine "fatih" demektedirler). Yucatan Yarımadası'nı ele geçirmeleri, 1547 yılına kadar sürmüştür.

Su Sarnıcı; "Cenote"

Mayaların kentlerini bırakıp kuzeye göçtükten sonra kurdukları yeni devletin merkezi Chichén Itzá'yı geçtiğimiz yüzyılda Psikopos Diego de Landa'nın sözleri üzerine dolaşmış olan Amerikalı bilimadamı Edward Herbert Thomson, bu kentte kutsal olarak sayılan bir kuyuya ulaştı. Thomson Mayaların su sarnıçları olan "cenote" hakkında ilk bilgilerini de Landa'nın kitabından edinmişti. Landa bu kuyu ile ilgili olarak kitabında şunları yazıyordu: "Kuraklık zamanlarında rahipler ve halktan bir ayin alayı yağmur putunun öfkesini geçirmek için geniş caddeden kuyuya giderdi. Yanlarında putu hoşnut etmek için kurban edilecek genç kızları ve delikanlıları götürürlerdi. Yapılan törenden sonra kızlar, kuyunun, kurbanların bir daha yüzeye çıkamayacakları kadar derin sularına atılırdı... Genç kızların su almak için kuyu başına gidişleri hemen hemen her halkın türkülerinde yer alır. Bu da hep neşeli ve yaşama bağlı bir temadır; daima simgesel bir anlamı vardır. Fakat genç Maya kızlarının Kutsal Kuyu'ya gidişleri her zaman ölüme gidiş olmuştu. Süsler içinde kuyunun yanına gelirlerdi; sonra, daha önceki kurbanların cesetlerinden dolayı kokmuş olan sulara çarptıkları zaman, ancak boğuk çığlıkları duyulurdu."

Diego de Landa'nın verdiği bilgiler arasında, kurbanın ardından zengin adaklar, kaplar, mücevherler, altınlar atmanın gelenek olduğunu da vardı. Thomson, de Landa'nın bu anlattıklarından çok etkilenmişti ve elle tutulur bir kaynağa dayanmıyor olsada bu bilgilere çok itibar etti. Aynı dönemde meslektaşları Chichén Itzá şehir yapılarını araştırırken, Thomson kendine araştırma konusu olarak özellikle cenote'yi seçti. Tabi bu karanlık su kuyusu pek de tercih edilecek gibi değildi; çünkü içinde çamur, balçık ve muhtemelen yüzlerce yıldır orada bekleyen ölü insan kalıntılarıyla doluydu. Thomson bizzat dalgıçlık eğitimi alarak bu kuyuya daldı. Araştırmalarını tamamladıktan sonra bu konuda aşırı hevesinden dolayı bir kulak rahatsızlığı geçirirdi.

İlk başlarda bir çeşit kepçe mekanizmasıyla kuyudan balçık, çamur taş ve dalları çıkardı. Kepçe ile daha derinlere indikçe kuyudan Mayaların tütsüsü ile kurban sundukları zaman yaktıkları kokulu reçine izine rastladı. Thomson bu ayinsel delillerin ardından doğu yolda olduğunu anladı. Artık her an yüzyıllar önce yapılmış ayinlerin kesin kanıtlarına ulaşmayı bekliyordu. Önce birtakım aletler, süsler, vazolar, mızrak uçları ve obsidiyenden bıçaklar buldu ve sonunda da ilk kız iskeletini kuyudan çıkardı. Kutsal sayılan bu kuyu hakkındaki söylentilerin tamamının gerçeğe uygun olduğu kanıtlanmış oldu. Thomson, de Landa'nın iddiasının delillerini, en zor olanı gerçekleştirerek yani bu ölüm kuyusuna dalarak, gün ışığına çıkarmıştı.[16]

Thomson, Kutsal Kuyu'daki buluntular hakkında raporunu yayınladı. Bu rapor arkeoloji dünyasında büyük yankı yarattı. Çünkü yıllardır söylenti düzeyindeki bir iddianın doğruluğu kanıtlanmış olmuştu hem de çamur, balçık yığınlarının içinden muhteşem bir Maya hazinesi çıkartılmıştı. Çıkarılabilen tüm hazinenin değeri yine Maya Medeniyeti hakkındaki araştırmalara harcandı. Bu araştırmaların sonuçları bir sonraki nesillere aktarılarak Mayaların yaşayışları, inançları gibi konularda daha derinlemesine bilgiler edinilmesine yardımcı olundu.

Gizemi Hala Süren Uxmal

Vaktiyle Meksika'da, Yucatan bölgesinde yaşamış olan Maya efsanelerinde, en gizemli kentlerden biri olan Uxmal'ın bir cüce ırk tarafından yapıldığı söyleniyor. Bu cüceler boru değil ıslık çalarak taşları yerden kaldırıp istedikleri yere koyabiliyor, hata bahçedeki odunları ıslıkla doğrudan ocağın içine getirebiliyorlardı. Efsaneye göre tufandan sonra bu halk yok oldu.[17]

16 http://www.planeta.com/ecotravel/mexico/yucatan/tales/0411explorer.html
17 Kayıp Tarih,Yalçın Ilter, 2004

Uxmal'da yarısı yenmiş yemek tabakları hala durmaktadır; Kimden ya da neden kaçtılar, nereye yerleştiler ve en önemlisi şu anda onların kalıntıları nerede hala bilinmiyor.

En büyük Maya binalarından çoğu Uxmal'da bulunur. Mayalar atalarından gelen kültürel ve teknolojik miras neticesinde gittikçe daha heybetli binalar inşa etmişlerdir.

Uxmal tapınağı kayıtlarında Mu'nun batışı anlatılır. Bu kaynağa göre bu olay 11.500-12.000 yıl önce vuku bulmuştur. Bu tapınak batı ülkelerinin (Mu) kutsal sırlarının anısına inşa edilmiştir. Tapınağın üzerindeki taş yazıtta şu ifadeler bulunmaktadır. "Bu piramit, gelecek nesillerin batı ülkelerinin yok oluşunu ebediyete kadar hatırlamaları için diktiğimiz bir anıttır."

Fransız bilim adamı Dr.Augustus Le Plongeon Maya İmparatorluğu'nun kayıp şehirlerini fotoğraflayan ilk kişi olmuştur. Arkeolog Le Plengeon'un Kutsal Sırlar Mabedi dediği Yukatan'daki Uxmal Mabedi'nde James Churchward'ın insanlığın ilk putperest dini diyagramı olarak nitelendirdiği Mu kozmogonik (evrenin doğumu ile ilgili) diyagramı bulunmuştur. Bu diyagramda merkezdeki dairenin Güneş'i, Ra'yı ve diğer putları kolektif olarak simgelediği belirtilmektedir.

MAYA MİMARİSİ VE SANATI

Bilindiği gibi, astronomik gözlemler için sessizlik ve elverişli bir gözlem evi gereklidir. Kulesi olan bir yapı ya da bir gözlem evi gibi... Bu konuyla ilgili olarak, gerek astronomların, gerekse antropologların fikir birliği içinde bulundukları bir yapı vardır: Yukatan bölgesi, Chichén Itzá'daki bir platform üzerine kurulmuş iki kubbeden oluşan Maya Gözlem Evi. Bu kubbelerden birinin içinde spiral bir merdiven bulunur. Bu spiral merdivenle kubbenin içindeki daha küçük bir gözlem evine çıkılır. Ortasında dikine bir şaft vardır. Buradaki duvarlarda bulunan üç delikten Maya astronomları gözlemlerini yürütüyorlardı.[18]

Dünyanın en kusursuz takvimini geliştirmiş olan bu halkın, takvime neredeyse tutsak olduğunu söylemiştik. Çünkü Mayalar dev mimari yapılarını, kendilerine gerekli olduğu için

18 Ancient Skies, Mart – Nisan 1987

değil, takvim kendilerine buyuracak olursa yapıyorlardı. Her beş, on ya da yirmi yılda üzerine doğum tarihlerini yazdıkları yeni bir yapı kuruyorlardı. Bunu yüzlerce yıl tam ve kesin bir düzenle yapmışlardır. Binalara oyulmuş tarihler de bunu doğrulamaktadır. Mayalar bu düzenin yalnızca büyük bir felaket ya da bir göç tarafından bozulabileceğine inanıyorlardı.

Maya kentlerinin başlıca özelliği, geniş alanlara yayılmaları (300 hektarlık Chichén Itzá gibi) ve bütün yapılarının taştan olmasıdır. Tapınaklar ve gözlemevleri kademeli, tepesine merdivenle çıkılan yüksek piramitler üstüne yapılırdı. Mayalar giderek birbirine yaklaşan duvarlar yapmakla, tonoz mimarisine yaklaşmışlardır. Saraylar daha alçak taraçalara kuruluyor ve sanki anıtsal mahalleler oluşturuyordu.

Mayalar mimaride Kolomb öncesi komşularından farklı olmuşlardır. Çünkü komşuları, her bir taş bloğun diğerine basamaklı olarak ve hafifçe asılmasıyla inşa edilen, dirsekli kemer veya ters çatı kemeri olarak bilinen bir tek çatı tipi biliyorlardı. Mayaların ters çatı kemeri, Kimmerler tarafından yapılan ve Kamboçya'da Ankgkor'da bulunan dirsekli kum taşı kemerlere benzemektedir ve güçlü bir kireç harcı ile yapılandırılmıştır. Bu tip milattan sonra l'inci ve 12'inci yüzyıllar arasında inşa ettikleri binalarda görülebilmektedir. Özel çatı kemerleri sayesinde bina teknığı, Mayaların altın çağında bir hayli ilerlemişti. Binaların dıştan görülen kesme taşlarının kaplamaları ise, duvarları ve tavan boşluğunu dolduran bir çeşit kaba betondan yapılmış, sürekliliğini koruyan bir kaplamaydı.

M.Ö. 300'e doğru mimaride bir hızlanma olgusu dikkati çeker: Sit sayılarının artmasına ayrıca yoğun bir yapılaşma faaliyet eklenmiştir; bu durum nüfusta aşırı bir artışın belirtisidir. Komchen'de veya El Mirador'da oturanlar geniş platformlar veya piramitler inşa ettiler, Cerros'da ilk top oyunu alanları yapıldı. Tikal'de, resimlerle süslü mezarlarda bindirmeli tonoz kullanıldı. Her sit özerk biçimde gelişti; bununla birlikte her yerde, kültür birliğinin yadsınmaz belirtisi olan aynı kırmızı seramik kullanılmıştır.

Bazı Maya binaları çok büyüktür. Belki de en fantastik boyutlu binalar Yucatan'ın en büyük şehri Uxmal'dadır. Bu binaların azameti, Mayaların atalarından gelen bir mirasla daha büyük binalar yapma alışkanlığına tamamen uymaktadır. Aynı alan üzerine üst üste inşa edilen bu yapılar Rusların iç içe geçen bebeklerini andırmaktadır. Uaxactun'da kazı yapan arkeologlar bir biri ardınca inşa edilmiş yedi ayrı kat bulmuşlardır. Bu devasa temellerin içini doldurmak için kırılmış taşların ve aletlerin insan sırtında taşınması gerekmiştir. Kitabeler gibi büyük taş bloklar, yuvarlayıcılar üzerinde hareket ettirilmişlerdir. Kolomb öncesi Amerika'sında tekerlek bilinmediği sanılmasına rağmen mezarlarda tekerlekli oyuncak arabalar bulunmuştur. Dolayısıyla bu sav geçerliliğini kaybetmiştir. Ayrıca eğer tekerleği bilmiyorlarsa neden Mayaların çok mükemmel geçişli yolları bulunuyordu?

Maya binalarının pagan dinleri açısından önemi dış duvar süslemelerindeki dekoratif figürlerden anlaşılabilmektedir. Maya tapınaklarını ve saraylarını süsleyen putlarının maskları diğer bir figür için önem taşır. Bu masklar Yucatan'da ki binaların karakteristiği olan Puuc stilinin önemli bir özelliğidir. Puuc mimarisi, bu stilin nihai zerafetine ulaşan Kuzeybatı Yucatán'ın engebeli Puuc bölgesi için verilen bir addır. Puuc binaları moloz dolu olan beton duvarlara sahiptir, bunların üzeri ince cila ile kaplanan taşlarla dekore ediliyordu. Puuc stilinde taşlar çok dikkatlice ve düzgün kesilirdi. Ayrı ayrı parçaların oyulmasıyla oluşan desenle inşa edilen Puuc heykelleri bir mozaiğe benzer. Chichén Itzá'da eski Maya binaları bu stilde inşa edilmiştir.

Gelişmiş Maya Medeniyeti'nin inşa ettiği bu şehirlerdeki 60 metreden daha yüksek devasa piramitler ve saraylar, Avrupa'dakilerin en büyükleriyle bile kıyaslanabilecek düzeydedir. Bugüne örnek olacak mimari örnekler dahi bulunmuştur. İnşaatlarını, yağmur ormanlarına zarar vermemek için belli zamanlarda yapıyorlardı. Bu hassasiyetleri doğayı koruma konusunda günümüz insanına örnek olmalıdır.

Mayalar güzel heykeller, piramitler ve saraylarla süsledikleri bu kentlerde yaşamazlar, yalnızca dinsel törenler için yönetim merkezleri olarak kullanırlardı. Mayalar bu görkemli kentlerin çevresindeki çiftliklerde yaşar, mısır, fasulye, biber ve domates yetiştiriciliği ile uğraşırlardı.

Maya Kentleri Yaşamak İçin Değil miydi?

Klasik Maya Kültürü'nün oluşmaya başladığı M.S. 250'den sonraki yüz yıllarda, küçük çatışmalardan, büyük savaşlara dönüşen kabile çekişmeleri, görkemli kentlerin hayalet kasabalara dönüşmesine neden oldu. Bunun neden gerçekleştiğini yıllar boyunca araştırmacılar öğrenmeye çalıştılar. İlk batılı araştırmacılar olan Stephens ve Latherwood, büyüleyici diye tanımladıkları Copan, Palenque, Uxmal ve diğer şehirler hakkın-

Copan kentinden bir görünüm

Copan kentinden bir görünüm

da kitaplar yazmaya başladılar. Stephens'in yazdığı başarılı kitaptan sonra onu, Catherwood ve diğer yazarlar takip etti. Sonraki yarım yüzyılda Popol Vuh (Mayaların kutsal kabul ettikleri kitap) ile ilgili kitaplar yayınlandı. 16'ıncı yüzyıldan sonra piskopos Diego de Landa, Maya kültürüne karşı İspanyol zaferlerini anlatan bir kitap yazmıştı. 1890'larda ise, İngiliz araştırmacı Alfred Maudslay değişik kaynaklardan derleyerek, Maya kentlerinin mimarisini anlatan bir kataloğu oluşturdu. Tüm bilgiler, 19. yüzyıl bilginlerini hiyeroglif yazılarını yorumlamaya, Mayaların tarihini yeniden incelemeye ve bu toplumun neden yok olduğunu araştırmaya itti. 20'inci yüzyılın ilk yarısında daha çok kazılar ve kataloglar yapıldı ama hala ortaya ciddi bir şey çıkmamıştı. 1950'lerde Carnegie Enstütüsü'nden J. Eric Thompson ve Slyvanus Morley, bölgeyi incelemeye aldılar; onlara göre bulunan kentler, yaşamak için değil dinsel ayinler için yapılmıştı. Yazıtlarda astronomi ve takvim çalışmaları yer alıyor fakat tarihi olaylar, çiftçilik yöntemleri ve tarımdan bahsedilmiyordu. Böylece bu mekanların sadece özel durumlar ve çalışmalar için yapıldığı kanıtlanıyordu.

Mayaların Gelişmiş Hayal Güçlerinin Sanatlarına Etkisi

Maya heykelciliği oldukça süslü sayılır. Mayalar, yaratıcı hayal güçlerinin ne kadar gelişmiş olduğunu taştan ve yalancı mermerden yaptıkları alçak kabartmalarla gözler önüne sermişlerdir. Bu alçak kabartmalar arasında masal hayvanları, insanlar, çok çeşitli ve değişik görünümlü soyut motifler vardır. Orantılar arasındaki uyum ve gölge-ışık kullanımı da ilgi çekicidir. İnsanlığın birkaç başyapıtının doğmasına yol açan bu sanat, doruk noktasına 8'inci yüzyılda ulaşmıştır. Mayalar fresk alanında da güçlü yapıtlar verdiler, bu yapıtlar kompozisyon ve perspektif açısından İtalyan Rönesans'ıyla boy ölçüşebilecek niteliktedir; ayrıca çömlekçilikte de zarif biçimlere ulaşmışlar, çok renkli süslemeler kullanmışlar ve yeşim taşını ustalıkla işlemeyi bilmişlerdir.[19]

Mayalarda önemli bir disiplin olan matematik, onların sanat eserlerinde de görülür. Örneğin duvar resimlerinde matematikçilerin portrelerine rastlanılır. Bu resimlerde matematikçiler, kollarının altına sıkıştırdıkları sayı tomarlarından tanınır. Böylesi sanat eserlerinde ilk rastlanılan matematikçinin de bir kadın figürü olması şaşırtıcıdır.[20]

İnce Oymalar ve Usta Dizaynlar

Kadim Maya anıtlarındaki duvar yazıtlarını meydana getiren karakterlerin yontuları gayet açık bir biçimde Mısır'da icra edilenleri çağrıştırmaktadır. Aslına bakarsanız aynı şekilde çalışılmıştır. Ortak özellikleri kullanılan materyal yani taş, ağaç, sıva ve en önemlisi yontu ustalarının ortak el becerisidir. Taşa oyulmuş yazıtlar dört farklı stilde çalışılmıştır: Oyma, yüksek rölyef (yüzey üzerine yükseltilerek yapılan kabartma), yarı rölyef, kaideli rölyef; tahta üzerindekiler kurallı rölyef ve oyma; alçı üzerindekiler yarı-rölyef tarzındadır. Çok ender olarak bazıları yalnızca duvar üzerine resmedilmiştir. Yalnızca Kabah şehrinde ve diğer bir iki yerde duvar üzerinde resmedil-

19 Gelişim Alfabetik Gençlik Ansiklopedisi 7, Gelişim Yayınları, 1773
20 http://www.evrensel.net/00/09/10/kultur.htm

miş kalıntılar bulunmuştur. Hava, su, toprak ve ateşin yıpratıcı etkisiyle kitaplar, vazolar gibi yüzeylere işlenmiş olan resimlerin silinmesi ustaları sanatlarını icra edebilecekleri daha sağlam alanlar aramaya itti. Dönem tarihçilerinin amacı, uluslarının tarihinde yer alan belli başlı ve önemli olaylara ait kalıcı bir belge bırakmaktı. Bunun sonucunda tarih yazıcılarına ellerindeki en dayanıklı malzemeleri veriyorlardı ki bilgiler gelecek nesillere ulaşabilsin ve taş kadar kalıcı olsunlar. Renklerin, ne kadar özenle hazırlansalar da zamanla solduğunu ve kolaylıkla tahrip edilebildiğini biliyorlardı ve tüm yontu ve yazıtları uygun tonlarla renklendirmelerine rağmen, büsbütün buna bağımlı kalmamışlardı. Boyaların sabit kalmalarını sağlayacak yöntemler geliştirmişlerdir. Boyalardaki pigmentlerin, tamamı olmasa bile büyük çoğunluğu bitkiseldi.

Büyük ve olağandışı olayların anısını kalıcılaştırmak istediklerinde, yazıcılar bunları ülkede çok bulunan sert lithografik taşları oyarak yazıyorlardı. Çünkü bu yazıtların dış tesirlerden zarar görme olasılığı daha azdı. Bu yöntemi özellikle yapıtların iç kısımlarındaki yazıtlar için kullanmaları, yazılmış olan bilgilerin fevkalade önemli olduğunu düşündüklerini gösterir. Örneğin, Akab-sib'deki "Mu Ülkesi"ni batıran katastrof ile ilgili verilen bilgiler böyledir. Bir diğer örnek de yerlilerin Chiic-kan-chob diye adlandırdıkları binada, bu korkunç felaketten önceki zamanlarda yaşayan bireylerin tarihini dile getiren on iki metre uzunluğundaki yazıttır.

Kim bilir bu eserlerin henüz bozulmamış ve Maya İmparatorluğu'nun yükselme döneminde bulunduğu sırada ne muhteşem, ne etkileyici bir görünümleri vardı. Duvarlar ince bir sanatla yontulmuş, değerli tarihi yazıtlar, sembol ve amblemlerle süslü bir şekilde işlenmiş olmalıydı. Her yerde binaları yaptıranların ve hükümdarların resimleri ve monogramları (bir ismin harfleriyle meydana getirilen özel desenler) göze çarpıyordu. Her yer sert ve yüksek değerde cilalanmış, parlak renkli alçıyla kaplanmış ve yontular kırmızı zemin üzerinde ışıltılı bir sarıyla parlıyor olmalıydı.

Dizaynların üzerine, onların hatlarını izleyecek şekilde yaklaşık bir, 1.5 cm kalınlığında alçı çekiliyordu. Çok iyi kaliteli, yoğun ve sertti ve boyalarla birlikte iklim koşullarının ve zamanın öğütücü tesirine karşı iyi bir koruyucu görevi görüyordu. Birçok yerde hala altındaki taşla sağlam bir şekilde bütünleşmiş durumda bulunmaktadır, öyle ki duvara yeni raptedilmiş kadar mükemmel görünümdedir.

Dolayısıyla bu şekilde çağlar boyu korunduktan sonra, bu kadim sanatın, yontu ustasının elinden henüz çıkmış kadar yeni ve eksiksiz parçalarıyla karşılaşmak kimseyi şaşırtmamalıdır. Ancak alçı tabakasının düştüğü ve taşların, rüzgarın, yağmurun, güneş ışığının yıpratıcı etkilerine maruz kaldığı yerlerde yüzeyler sanki kurtçuklar tarafından yenilmiş gibi deliklerle doludur. Bu delikler irili ufaklı, çoğu yaklaşık 1-1.5 cm derinliğinde olup, az ya da çok taşın sertliğine, havaya maruz kaldığı zaman diliminin uzunluğuna ve ana yönlere nazaran hangi pozisyonda olduklarına bağlı olarak açılmışlardır. Genel bir kaide olarak, kuzey ve doğuya bakan taşlar, batıya ve güneye bakanlardan daha çok hasar görmüşlerdir.

Yapıtların tarihçesiyle ilgili bilgiler, onları yaptıranlara ve restore ettirenlere övgüler genellikle çok ince bir işçilik ve hayret verici bir ayrıntı işlemeciliğiyle yarı rölyef ve kaideli rölyefler içine yontulmuştur. Mezarlara ve önemli şahsiyetlerin mozolelerine dikilen mezar taşı ve sütunların üzerine yazılan yazılar ve anı sözcükleri de öyledir. Bu yazıtların bazıları Mısır'daki gibi kartuş içine alınmıştır.

Tahta üzerindeki kadim tasvirler oyma ve kaideli rölyef şeklinde çok ince bir işçilikle yontulmuştur. Bunlar için genellikle çok sert, sıkı yapılı ve dayanıklı zapote ağacı seçilmiştir. Bu yontuların son rötuşlarındaki güzelliği, sanatçıların çakmaktaşından keski veya obsidiyen bıçaklardan daha sert ve çok daha iyi iş gören aletler kullanıldığını düşündürmektedir. Alçıdan yapılan yazıt ve diğer oymalar, sanatsal beceri ve güzellik açısından tahta ve taş üzerine çalışanlarla mukayese kabul etmez türdendir.

Klasik Tarihin Yanılgısı

Mayaların metal eşya kullanmadan taşların üzerine bu kadar detaylı taş işlemeciliği yapmaları çok zordur. Zaten bilim adamları da bu kalıntıların üzerindeki ince işçiliğin nasıl oluştuğunu açıklayamamaktadırlar. Yoğun nemli bir ortam olan Amazon ormanlarının yüksek bölgelerinde, metal eşyalar çok kısa sürede okside olup çürürler. Dolayısıyla günümüze Mayaların kullandıkları metal eşyaların izleri kalmamış olabilir. Ama kalan taş yapılar, metalin bilindiğini ve kullanıldığını göstermektedir. Çünkü bu derece ince ve detaylı işlemenin sadece taş aletlerle yapılması mümkün değildir. Bu eserlerin ancak çelik eğeler, levyeler ve benzeri aletler yardımıyla yapılmış olması gerekir.

Tarihin hemen her döneminde ileri ve geri medeniyetler bir arada aynı dönem içerisinde var olmuşlardır. Nasıl ki günümüzde bir yanda uzay teknolojisi yaşanırken, diğer yanda dünyanın çeşitli bölgelerinde insanlar ilkel koşullarda yaşamlarını devam ettiriyorlarsa, geçmişte de bir yanda Maya medeniyeti varken, diğer yanda Orta Amerika'da geleneklerinin etkisi altında oldukça geri medeniyete sahip toplumlar var olmuştur.[21] Bugün teknolojiyi sindirmeden yaşayan topluluklara bakıp tüm 21'inci yüzyıl hakkında "ilkel" topluluk damgası vurulamayacağı gibi geçmişte yaşamış ve kültürel anlamda gelişmemiş topluluklara bakıp o dönem hakkında da kesin yargılarda bulunamayız.

Son derece gelişmiş şehirler inşa eden, ileri bir teknolojiye sahip oldukları bıraktıkları izlerden açıkça anlaşılan Mayalar, Venüs'ün yörüngesini hesaplayıp, Jüpiter'in uydularını keşfederken, aynı dönemde Avrupa'nın pek çok bölgesinde insanlar dünyanın Güneş Sistemi'nin merkezinde olduğuna inanıyordu. Bu geçmişte yaşamış diğer medeniyetler için de geçerlidir. Mısırlılar başarılı beyin ameliyatları yaparlarken, diğer bazı bölgelerde insanlar hastalıkların sözde kötü ruhların etkisiyle oluştuğunu sanıyorlardı. Sümerler hukuk sistemleri, edebiyatları, sanat anlayışları, astronomi bilgileriyle Mezopotamya'da köklü bir medeniyet inşa ediyorlarken, dünyanın bir başka köşesinde henüz yazıyı kullanmayan topluluklar vardı. Dolayısıyla, nasıl ki günümüzde sadece ileri medeniyetler yaşamıyorsa, geçmiş de sadece geri medeniyetlerin var olduğu bir dönem değildi.

---

21 Gelişim Alfabetik Gençlik Ansiklopedisi 7, Gelişim Yayınları, 1771, 1772

20'inci yüzyılda gelişen teknolojiyle arkeolojik çalışmalar büyük bir hız kazanmış ve bu hızla birlikte insanlık tarihinin gerçek yüzüne ait önemli delilller toprak altından birer birer toplanmaya başlanmıştır. Böylece binlerce yıl önce, Maya Medeniyeti'nde yaşanan hayatın, pek çok yönden günümüzle paralellik gösterdiği ortaya çıkmıştır.

Dr. Augustus Le Plongeon'un Maya İmparatorluğu'nun Ortaya Çıkışına Katkıları

19. yüzyılın yetmişli ve seksenli yıllarında Fransız bilim adamı Dr. Augustus Le Plongeon ve eşi Alice, Maya harabelerini incelemek ve Maya kültürüne ait arkeolojik kalıntıları güvenilir bir şekilde tespit etmek ve kayda geçirmek için Yukatan'a yerleştiler. Plongeon, Maya İmparatorluğu'nun kayıp şehirlerini fotoğraflayan ilk kişi oldu. Eski moda bir fotoğraf makinesi ve ıslak negatiflerle çalıştı. Bunu ormanın ortasında en ilkel koşullarda gerçekleştirdi. Le Plongeon'un çalışmalarının orijinal negatifler ve baskılardan oluşan ayrıntılı bir bölümü bugün Felsefi Araştırmalar Derneği'nin (Philosophical Research Society) kütüphanesinde bulunmaktadır.

Fotoğraflama çalışmasına ilaveten, Le Plongeon yontularla işlenmiş mabet ve saray duvarlarından bazı kalıplar çıkardı. Yetenekli bir sanatçıydı ve harabe halindeki yapıları eksiksiz halleriyle gösteren hayali eskizlerini çizdi ve duvarlardaki fresk ve resimleri kağıda aktardı. Alice Le Plongeon günlük faaliyetlerini sistemli bir şekilde kaleme aldı ve bu çift araştırmalarını bir düzen içinde ve bilimsel yöntemle yürütmek için yapılabilecek her şeyi yaptılar.

Le Plongeon'un Maya arkeolojik bilgilerine yaptığı katkıyı layıkıyla değerlendirebilmek için içinde yaşadığı zaman dilimini ve hangi koşullarda çalıştığını göz önüne almak gerekir. Bu kadim şehirleri ilk gördüğünde her şey birer enkaz yığınından ibaretti. Birkaç dostluk gösteren yerliyle ormanın içinde yol açarak kısmen ayakta olan yapıların bulunduğu konumda bir kamp kurdu ve fotoğraf çekmeyi engelleyecek ölçüde büyümüş bitkileri kendi elleriyle temizledi.

Le Plongeon'un kendinden önceki yazarlarca yazılmış bilimsel makalelerden danışmanlık alma şansı yoktu. Büyük kurumların sağladığı kolaylıklardan da yararlanmadı. O ve eşi ancak kendi gözleriyle gördükleri şeyleri kaydedebilirlerdi. Augustus Le Plongeon'un ilk olarak Worcester, Massachusetts'deki, Amerika Eski Eserler Derneği Bülteni'nde (The Proceedings of the American Antiquarian Society) çıkan Maya Arazisi ve Maya Yazıtları adlı monografisi için yayın kurulu şu notu düşmüştür: "Dr. ve Bayan Le Plongeon'un son yedi sekiz yıldır daimi ikametgahlarının Maya harabelerinin ortasında olması ve büyük bir olasılıkla Yukatan'ın gizemli yapılarının geçmişe gömülmüş tarihiyle bağlantı kuran geleneklerini koruyan bir Kızılderili topluluğuyla sürekli ilişkide olmak gibi ender bulunan bir avantajları vardır."

Zamanın Meksika Cumhuriyeti'nin başkanına hitaben yazılmış ve yine 25 Nisan 1887 tarihli Amerika Eski Eserler Bülteni'nde yayınlanan bir mektubunda Le Plongeon kendisini şöyle tanıtıyordu: "Augustus Le Plongeon, Tıp Doktoru, California Eyaleti Bilim Akademisi'nin, San Francisco Mikroskop Derneği'nin, New York Filoloji Derneği'nin üyesi, Meksika Coğrafya ve İstatistik Kurumu muhabir üyesi, Avrupa, ABD ve

Güney Amerika'daki çeşitli bilimsel kuruluşların üyesi, Amerika Birleşik Devletleri vatandaşı..."

Le Plongeon'lar Yukatan'a 1880 Haziran'ında geldiler ve Maya bölgesindeki kadim şehrin harabelerinin bulunduğu toprakların, X'canchacan topraklarının sahiplerinden Senyör Don Vicente Solis de Leon'un davetini kabul ettiler. Solis ailesi daha önce de yine bölgeyi ziyaret eden bir misafiri, Abbe Brasseur de Bourbourg'u ağırlamıştı. Le Plongeon Fransız Abbe'nin yarım bıraktığı işi tamamlamaya girişti.

Merida'da yaşayan ve evine misafir olarak giden kişiler, Le Plongeon'un Maya dilini okuyup yazabildiğini anlatırlar. Uzun ve gür sakalıyla dikkat çekici bir şahsiyetti. Kızılderililer için bu onu diğerlerinden ayıran bir özellikti ve tüm yarımadada Büyük Siyah Sakal olarak tanınıyordu. Kızılderililerin onun doğaüstü güçlere sahip olduğuna kanaat getirmeleri ününü daha da artırmıştı. Onlara kendi büyücülerini ve mistiklerini anımsattığı için istediği bilgilerin hiçbirisini ondan saklamıyorlardı.

Günümüzde Chac'Mool diye bilinen ünlü heykelin keşfi, Le Plongeon'un tipik çalışma yöntemiydi. Ormanın içlerine girmiş ve meditasyon durumunda bir süre oralarda dolaşmıştı. En sonunda durmuş, birkaç dakika düşünmüş ve sonra da sessizce bildirmişti: "Burayı kazacağız." Söylenen noktadaki kazı, bugüne kadar gün ışığına çıkarılan en nadide Chac'Mool parçasının bulunmasıyla sonuçlanmıştı. Bu haber Kızılderililer arasında süratle yayılmış ve Büyük Siyah Sakal'ın durugörü yeteneğini tartışmasız biçimde kabul ettirmişti. Fakat bu tip olayların profesyonel arkeologlar arasındaki namını aynı şekilde yüceltmediği muhakkaktır. Le Plongeon, Cozumel Adası'na gittiği sırada General Protasio Guerra, Meksika Hükümeti adına büyük Chac'Mool figürüne el koymuştu.

Keşif çalışmalarının sonuna doğru Le Plongeon, eski eserler uzmanı olarak ün kazanmak isteyen kişilerin kendi antik eserlerini kendilerinin kazıp çıkarmaları yönünde bir karar verdi. Bunun üzerine bulduğu nesnelerin birçoğunu onları fotoğraflaştırdıktan veya ilk önce onun tarafından keşfedildiklerini kesinleştiren bir şekilde belgeledikten sonra tekrar toprağın altına gömdü. Yakın bir arkadaşına söylediğine göre, bunların içinde taş bir sandığın içinde mühürlenmiş olarak bulduğu bir kodeks (el yazması kitap) de vardı. Fakat ikinci derecedeki hırsızlıklar ve insafsızca eleştiriler canını öyle sıkmıştı ki, o da böyle bir yola başvurmuştu. Tekrar bulunmaları isteniyorsa, Washington'daki döner koltuğunda oturan bir arkeologdan fazlası gerekecekti.

Le Plongeon'un fotoğrafları modern Maya arkeolojisi açısından çok önem taşımaktadır. Neredeyse mucize eseri diyebileceğimiz bir şekilde Le Plongeon'un negatifleri ve baskıları hayatta kalabilmiştir. Pek çok şeyin kayıp olmasına karşın kayda değer miktarda doküman günümüze ulaşmıştır.[22]

Taşlardaki İşaretler

11,70 metre uzunluğuyla Quirigua'daki "E" dikmetaşı, bugün için bilinen en büyük Maya anıtıdır. Bu prizmatik yapının büyük yüzlerinden her birinde kralı ayakta dururken yansıtan bir portre yer almaktadır. Küçük yüzler, oyma işaretli iki

22 Mısırlıların Kökeni, Augustus Le Plongeon

kolon halinde uzayıp giden bir tür yazıyla kaplıdır. Yazılar bütünüyle oyma figürlerden oluşmaktadır. Mayalar düzenli aralıklarla (çoğunlukla beş yılda bir) üstüne şekiller işlenmiş bu taşlardan dikiyorlardı.

Taşların üzerindeki işaretler arkeologlar için bile oldukça girift sembollerdi. Resimlere bağlı oyma yazıların çözümünü yapabilmek için önce resimleri tek başına doğru yorumlanması gerekiyordu. Çünkü metin ve resim arasında doğrudan bir bağlantı olup, birincisi ikincisine yorum getiriyordu. Arkeologlar resmi yorumlamadan, onu oluşturan farklı motiflerin anlamlarını çözmeden önce onları görmeye yani bu motifleri tanıyıp ayırt etmeye gayret ediyorlardı. Başka bir deyişle, yılan resminin anlamını belirlemeye çalışmadan önce, resmin içindeki yılanı tanımaya çalışıyorlardı ve bu bir uzman için bile kolay olmuyordu. İlk kaşifler ve onlara eşlik eden sanatçılar, buldukları resimleri anlamaktan çok ayırt etmekte zorlandıklarını itiraf etmişlerdir.

Bu konuda yaşanan zorluğun temel nedeni Maya betimlemelerinin doğayı bire bir aktarmaması yani gerçekçi olmamasıdır. Görüleni değil bilineni ifade eder, öyle ki, temsil edilen şeyin gerçek görüntüsü, ilk halini tamamen kaybedecek kadar değişir. Maya sanatçıları bir yılanı yeşim taşından kulak süsleriyle donatabiliyor, kuşun kanadını da bir sürüngen çenesi şeklinde işleyebiliyorlardı.

Resmi oluşturan motiflerin yoğunluğu ve üst üsteliği, çözümü çoğunlukla daha da güçleştirir. Bazı Maya kabartmaları ilk bakışta bir erişte tabağına benzer: Şekiller, en ufak bir beyazlığa yer bırakmaksızın her yönde iç içe geçmiştir. Göz bir süre sonra görmez ve hiçbir şeyi ayırt edemez hale gelir. Bu konuda Mayaların "boşluk nefreti"nden söz edilir ama söz konusu olan daha çok, aynı iletiyi genel olarak, farklı şekillerde defalarca tekrarlamakta tereddüt etmeyerek mümkün olduğunca çok şey anlatabilme isteğidir.[23]

23 Mayaların Kayıp Şehirleri, Claude Baudez / Sydney Picasso

KRAL SARAYLARI VE MEZARLARI

16 Bin Yıllık Maya Sarayı Cancuen

Guatemala'nın balta girmemiş yağmur ormanlarında, 8'inci yüzyıldan kalma 170 odalı muhteşem bir Maya sarayı ortaya çıkarıldı. "Yılanlı Bölge" anlamına gelen bir yerde bulunan sarayın iki futbol sahası genişliğinde bir alanı kapladığı ve içinde geniş avlular bulunduğu belirtiliyordu. Yüzlerce yıldır ne arkeologlar ne de yerel yöneticiler tarafından bilinmeyen saray, Amerikan Vanderbilt Üniversitesi arkeologlarından oluşan bir heyet tarafından ortaya çıkarıldı. Bölgede çalışmalarını yürüten heyete Amerikalı Profesör Arthur Demarest ile Guatemala Valle Üniversitesi'nden Prof. Tomas Barrientos başkanlık ediyordu.

Ormanın içindeki sarayın şimdiye kadar el değmemiş biçimde muhafaza edildiği ifade edildi. Cancuen yakınlarındaki sarayın çevresindeki kentin de, çağının en zengin ve gelişmiş kentlerinden biri olduğu saptandı. Kent, Pasion Irmağı'nın uç kısmında yer alıyordu. Sarayı inşa ettiren kralın adının Tah ak Chaan olduğu ve 740'ta tahta geçerek yaklaşık 50 yıl hüküm sürdüğü tahmin ediliyordu. Günümüz arkeologları, ayrıca o dönemde sarayın bulunduğu kent ile komşuları arasında hiçbir önemli savaşın meydana gelmediğini ve bu nedenle sarayın zarar görmediğini düşünüyorlar.

Kentin, Maya Uygarlıklarında yaygın olan dinsel etkiler ve onun simgesi olan piramit biçimi tapınaklara sahip olmadığı, buna karşılık kentin yeşim taşı bakımından çok zengin olduğu ve bunu ticari güç kaynağı olarak kullandığı saptandı. Bölgede pirit madeninin de bol bulunduğu ve bunun o çağlarda zenginler tarafından en çok aranan eşyalar arasında yer alan ayna yapımında kullanıldığı saptandı.

1000 Yıl Sonra Gün Işığı Gören Kral Pakal'ın Mezarı

Meksika Milli Üniversitesi'nde Maya Medeniyeti Direktörü olan Dr. Alberto Ruz Lhullier, 1938'de Meksika'da başlayan çalışmalarını, 1949 yılında Palenque'deki Yazıtlar Tapınağı üzerinde yoğunlaştırdı. Ruz, bu piramitte saklı önemli bir hazinenin varlığına inanıyordu. Bu piramidin içinde bilinen en uzun Maya yazısı vardı: Toplam 617 oymadan oluşan hiyeroglif yazısı.[24] Ancak buranın keşfedilmesi için tapınağın içinin otlardan arındırılması ve temizlenmesi gerekiyordu. Palenque'deki arkeolojik kazıların başındaki kişi olan Ruz, meslek hayatının en önemli keşfine doğru adım adım ilerlemekteydi. Ruz, Mayaların piramitlerini üst üste inşa ettiklerini biliyordu. Yazıtlar Tapınağı da bu şekilde inşa edilmişti.

Burası o dönemde etkin bir din merkeziydi. Bu tapınağın içinde en uzun Maya hiyeroglifinin de içinde bulunduğu üç taş

24 Mayaların Kayıp Şehirleri, Yapı Kredi Yayınları Genel Kültür Dizisi

pano bulunmuştu. Ancak tapınağın, büyük taş bloklardan oluşan zemini detaylı incelemeden geçirilmemişti. Ruz, bunları incelerken daha önce fark etmediği bir detay gözüne ilişti: Yerdeki taş bloklardan bir tanesinin üstünde delikler vardı. Ancak delikler, taş tıkaçlarla kapatılmıştı. Taşta bu şekilde delikler açılmasının bir sebebi olmalıydı? Ayrıca sonradan bunların gizleme amacıyla kapatılması gizemi daha da arttırıyordu. Ruz, saklı hazinenin kilidini bulduğunu düşündü. Burayı biraz daha detaylı inceleyince duvarların zeminde bitmediğini aşağıya doğru indiğini fark etti. Zeminin altında bir şey olmalıydı. Ruz, fincan tabağı genişliğindeki taş tıkaçları çıkardı. Bunların zekice planlanmış bir amacı vardı. Bu şekilde delikler oluşturularak taş el veya alet yardımıyla kolaylıkla kaldırılabiliyordu. Ruz, taşı kaldırdıktan sonra altında aşağıya inen karanlık bir merdiven gördü. En üst basamakta kutu gibi bir şey vardı. Kutunun içinde yeşim taşından oyulmuş iki kulak tıkacı ve bir de kırmızıya boyanmış taş vardı. Ancak bu merdivenden aşağıya inmek pek kolay gözükmüyordu. Merdiven kille karıştırılmış sert ve güçlü molozlarla kapatılmıştı. Önce bunların dışarı çıkarılması gerekiyordu. Ancak burası çok dar bir alandı. Bu pek de kolay üstesinden gelinebilecek bir iş değildi. Neticede iki buçuk aylık süreler boyunca dört kez bu dev molozları yerinden oynatmaya denediler ve son denemede bunu başardılar. Molozları çıkardıktan sonra gizemli merdivenlerden aşağı indiler. 45'inci basamakta bir dönemeçle karşılaştılar. Bu dönemeçten sonra 21 basamak daha vardı. Burası piramidin toprak yüzeyinin 22 metre aşağısıydı. Burada taşların arası açılarak oyulan iki dar koridor, dışarıdan temiz havayı içeriye taşıyordu.

Merdivenin aşağında bir koridor daha vardı. Bu koridorun başında da bir kutu buldular. Bu kez kutunun içinden üç toprak tabak, yedi yeşim boncuk, damla biçimli bir inci, iki midye kabuğu, çiçek biçiminde bir çift kulak tıkacı çıktı. Bu koridor 2 metre boyunca üçgen biçimli dev bir taş blokla tamamen kapatılmıştı. Birkaç metre kalınlığındaki kireç ve taş karışımından oluşan bu blok taşın önünde bir yığın kemik vardı. Bunlar biri kız olmak üzere altı çocuğa ait iskeletlerdi. Maya geleneklerine göre çocukların kafatası şekillerinden asil oldukları anlaşılıyordu. Bunların sırrının çözülmesi için önce taşın arkasındaki dünyanın gizeminin keşfedilmesi gerekiyordu. İşçiler bunun için üçgen biçimli taşı yerinden oynatarak Ruz'un içeri girmesini sağladılar.

15 Haziran 1952 günü Ruz, on asır sonra bu odaya giren ilk kişiydi. Gördükleri, Ruz'u tarifi imkansız bir heyecana sürükledi. Kendini duvarları alçı kabartmalarla süslü bir odada bulmuştu. Tavandan akan suların oluşturduğu yüzlerce yıllık sarkıtlar pırıl pırıl parlıyordu. Duvarlar rahip figürlü kabartmalarla kaplıydı. Odanın ortasında sekiz metre kare büyüklüğünde ve yaklaşık yirmi ton ağırlığında dev bir taş lahit vardı. Bu lahit yine devasa büyüklükteki masif bir taş parçasının üzerine yerleştirilmişti. 0.17 metreküp büyüklüğündeki bu taşı da oymalı altı büyük taş blok taşıyordu. Bütün bunları örten üzerinde ince işlemeli oymalar bulunan dev kapak vardı. Kapağın üzerinde Maya takvimiyle M.S. 603-683 yılları yazılmıştı. Tapınağın girişindeki hiyerogliflere göre burası Kral Pakal'ın mezarıydı. Pakal, Palenque'de doğmuş ve 12 yaşındayken Maya İmparatoru olmuştur. 65 yıl boyunca imparator olarak kalmış ve 80 yaşında öldükten sonra buraya Yazıtlar Tapınağı'na gömülmüştür.

Kabah kentinden bir görünüm

Kabah kentinden bir görünüm

Ruz, dev taşa üstten matkapla bir delik açtı. Matkabın ucu boşlukta kalmıştı. Ruz, hemen delikten içeriye ince bir tel sarkıttı. Geri çektiğinde telin ucu kırmızı boya ile boyanmıştı. Bu önemli bir işaretti. Mayalarda kırmızı boya ölüme işaretti. Ayrıca yol boyunca kutularda buldukları çeşitli eşyalar ve insan iskeletleri buranın bir mezar olabileceği düşüncesini şimdi iyice pekiştirmişti. Ancak bu mezarın açılabilmesi için 3.80 metre uzunluğunda 2.20 metre genişliğinde, 25 cm. kalınlığında ve 5 ton ağırlığındaki taş kapağın yerinden kaldırılması şarttı. Yerin altında, dar bir alanda kısıtlı imkanlarla bunu başarmak çok zor görünüyordu. Ancak Ruz'un beklemeye pek niyeti yoktu. Eldeki imkanlarla bir an evvel mezar kapağının açılması gerekiyordu.

Ruz işçileri de yanına alıp ormana gitti. Orada bir ağacı kesip, çeşitli boylarda sert kütükler çıkardılar. Daha sonra bu kütükleri iple mahzene inen merdivenden aşağıya sarkıttılar. Sonra da dar koridor boyunca ilerleyerek kütüklerle mahzene girdiler. Ağacın gövdesinden kestikleri dört büyük kütüğü taş kapağın köşelerinin altına sıkıştırdılar. Bunların üzerine dört araba krikosu yerleştirdikten sonra çalışma esnasında taşın kaymasını önlemek için gereken tüm tedbirleri aldılar.

7 Kasım 1952 günü öğlen saatlerinde kapağı kaldırma çalışmaları başladı. 12 saatlik bir çalışmanın ardından kapak ancak birkaç santim kaldırılabilmişti. Saat gece yarısını gösterdiğinde ise aralık 60 cm. olmuştu. Sabah olduğunda ise artık 1.12 metrelik geniş bir aralık açılmıştı. Ruz bu aralıktan içeri baktığında tek bir taştan oyulmuş insan biçimdeki lahit kapağını gördü. Lahit kapağındaki yine dört delik vardı ve bunlar

da daha önce karşılaştıkları gibi taş tıkaçlarla kapatılmıştı. Bunlar da çıkarılıp, lahit kapak kaldırıldı.

Ruz, arkeoloji tarihindeki önemli keşiflerden birine tanıklık ediyordu. Lahitin zemini ve kaidesi kırmızı boyalıydı. Zeminde mücevherlerle donatılmış bir erkek iskeleti vardı. Bu kadar ihtişam mezarda yatan kişinin üst tabakadan biri olduğuna işaret ediyordu. Adamın başında küçük yeşim taşlarından daire şeklinde yapılmış bir taç duruyordu. Her saç teli ayrı ayrı minik yeşim tüplerin içine yerleştirilmişti. Tacın hemen altında da yine yeşimden oyulmuş yarasa biçiminde bir süs vardı. Adamın boynunu küre, silindir, kanca, balkabağı, çiçek, yılan başı, kavun gibi çeşitli şekillerde yontulmuş yesim taşlarından oluşan bir gerdanlık süslüyordu. Kulak tıkaçları da çiçek biçiminde yapılmıştı. Yeşim taşından yapılmış dörtgen şeklindeki levhada hiyeroglifler vardı. Bu levha çiçek şeklinde bir boncukla tutturulmuştu. Adamın bir kulağının arkasında iki sedef parçası birleştirilerek yapılmış büyük bir yapma inci duruyordu. Sedefler öyle parlatılmıştı ki taş kocaman gerçek bir inci görünümündeydi. Adamın göğüs kafesinin üstünde tüp şeklindeki yeşim boncuklardan yapılmış dokuz tane daire biçimli süsten oluşan bir zırh vardı. Bileklerini iki yüz yeşim taşından yapılmış bilezikler süslüyordu. Tüm parmaklarına iri yeşimli yüzükler takılmıştı. Sağ ve sol ellerinin içinde birer tane yeşim boncuk vardı. Bunlardan birisi küp diğeri küre biçimindeydi. Ayaklarının dibine de iki büyük yeşim taşı yerleştirilmişti. Ağzında da yeşimden yontulmuş insan başı şeklinde bir taş vardı.

Tüm bu süslerin yanında asıl etkileyici olan yüz maskıydı. Bu mask, tamamı yeşim parçalarından yapılmış bir mozaikti.

Göz boşluklarına, göz akını temsil eder şekilde sedef yerleştirilmişti. İrisler belirlenmiş, göz bebekleri de siyaha boyanmıştı. Maske bir sebeple kaymış, yüzünün yanında duruyordu. Vücuttan geriye sadece kemik parçaları kalmıştı. Cesedin altında yiyecek içecek yerleştirilmiş toprak kaplar ve alçıdan yapılmış iki insan kafası vardı. Bu muhtemelen kraliyet ailesine mensup birinin mezarıydı.

Kaminaljuyu'daki Kral Mezarı

Milât öncesinin son yüzyıllarından miladi tarihin başlarına kadar süren devir, Güney Maya'da kültürün en çok geliştiği dönemdir. Guatemala'nın güneybatısında arkeolojik bir bölge olan Kaminaljuyu'daki 200 küçük tepenin büyük bir kısmı bu dönemde yapılmıştır. Bu tepeciklerin en büyüğü piramit şeklinde bir platformdur (yüksekliği 20 m), içinde hücre şeklinde iki mezarlık bulunmuştur. Uzun süren çalışmaların ardından araştırmacılar dev kurumuş çamur ve taş yığınlarının altındaki odaya ulaşmaya çalıştılar. Tüneller kazıldı. Tünel kazmak, esas olarak arkeolojik mirasa zarar verebilecek bir yöntemdi. Ancak araştırmacılar çalışmalarını başarıyla tamamlardılar ve taş yığınların altında odalara ulaşıldı. Bu odalardan birinin ortasında, tahta bir platformun üzerinde hükümdarın cesedi bulundu.

Etrafını çeviren birçok insan cesedinin Maya inancına göre krala ölüm yolculuğunda arkadaşlık etmesi için kurban edildiği sanılmaktadır. Ayrıca, yeşim taşı, kemik, deniz kabuğu, pirit süslemeleri ve yığın halinde zarif çömlekler gibi zengin mezar süslerinin de etrafını sarmış olduğu görüldü. Bu derece ince iş ve emekle meydana getirilen mezarlar, Maya Uygarlığında sanat anlayışının ne kadar gelişmiş olduğunu ortaya koymaktadır.

San Bartolo'da Maya Sanatının Başyapıtı

Guatemala'da araştırmalar yapan arkeologlar Mayalara ait en eski duvar resimleri ortaya çıkardılar. Amerikan New Hampshire Üniversitesi profesörlerinden William Saturno, M.Ö. 100 yılından kaldıkları sanılan resimlerin arkeologlar tarafından San Bartolo bölgesinde bulunduğunu belirtmiştir. Saturno'ya göre Maya piramitlerinin bulunduğu bu bölgede, Mayalara ait en eski krallık mezarı da ortaya çıkarılmıştı. Mezarın M.Ö. 150 yılında yapıldığı tahmin ediliyordu. Saturno, dokuz metre uzunluğunda, bir metre yüksekliğindeki duvar resimlerini 'Maya sanatına ait başyapıt' olarak nitelendirdi. Saturno, "Bazıları sanki dün yapılmış. Bu, modern sanatı bilenlerin Michelangelo ve Leonardo Da Vinci tablolarını bulması gibi" cümleleriyle durumun harikalığını özetliyordu. Duvarda Mayaların yaratılışı ve bir hükümdarın taç giyme töreni resmediliyordu. Piramidin odalarından bulunan resimlerde farklı figürler sergileyen pagan dinlerinin dört ilahı ve taç giyecek olan mısır ilahının oğlu görülüyordu. Sualtı şehrini temsil eden ilah, hükümdara sunduğu balıklarla görülüyordu. Toprağı temsil eden ikinci ilah ise bir geyik kurban ediyordu. Havada asılı duran ve havayı temsil eden üçüncü pagan ilahı, bir hindi taşıyordu. Cenneti temsil eden dördüncü ilah, bir çiçek tarlasında duruyordu. Sistine Şapeli'ne benzetilen bu parlak ve renkli resimler çok iyi durumdaydı. Saturno resimlerin kalitesinin, Maya Uygarlığı'nın sanılanın aksine M.S. 7. yüzyıldan önce sanat eserlerinde üst düzeye eriştiğini gösterdiğini söylemiştir. San Bartolo bölgesindeki antik yerleşim ilk olarak 2002 yılında ortaya çıkarılmıştı. Bölgedeki duvar resimleri arkeologlar için ayrı bir önem taşıyor; çünkü bu resimler bilinen Maya sanatından yüzlerce yıl öncesine dayanmaktadır.[25]

25 Radikal Gazetesi 15/12/2005

MAYALARIN BİLİME OLAN TUTKULARI

Mayalar ilgilerini daha çok matematik hesaplamalara ve gökcisimlerinin gözlemlenmesine yoğunlaştırdılar. Meksika ormanları içinde taş yapılardan oluşan görkemli kentlere, piramitlere, gözlemevlerine imza atan, bu uygarlığın sakinleri, astronomi ve matematik alanlarında çağlarını aşan bilgileri ve hassas hesaplamalarıyla bilim adamlarını şaşırttılar.

Matematik Bilgileri

Günümüzde matematiği birkaç cümle ile tanımlamak mümkün değildir. Matematik Terimleri Sözlüğü'nde Matematik; "biçim, sayı ve çoklukların yapılarını, özelliklerini ve aralarındaki ilişkilerini akıl yoluyla inceleyen ve sayı bilgisi, cebir, uzay bilim gibi dallara ayrılan bilim" olarak tanımlanmaktadır. Matematiğin öğeleri, mantık, sezgi, çözümleme, yapı kurma, genellik, bireysellik ve estetikten oluşur.

Matematik kiminin gözüyle bir sanat, kiminin gözüyle ise bir dildir. Matematiğe gönül vermiş insanların çoğu matematiği bir sanat olarak görürler. Onlara göre matematikte önemli olan yapılan işin derinliği, kullanılan yöntemlerin estetik değeri ve matematiğin kendi içinde bir işe yaramasıdır. Yeryüzünün ve gökyüzünün yaratılışını inceleyenler her fiziksel kanunda, her biyolojik harikada matematiği görürler. Tabiatın mucizelerini daha iyi anlamak ve öğrenmek için matematik dilini bilmemiz gerekir. Matematik, genel mantığın uygulama alanı ve insan zekasının bu yolda işlemesi görevini görür. Ayrıca; mekanik, fizik, astronomi bilimlerinin de temelini teşkil eder. Bunların dışında, sosyal bilimler, tıp, jeoloji, psikoloji, sosyoloji ve iş idareciliği gibi alanlarda da, matematiğe geniş bir ihtiyaç duyulur ve yaygın bir şekilde kullanılır. Bugünün medeniyetinde ön safı tutan, büyük endüstri ve yan kuruluşları, istihkam hizmetleri hep matematiğin yardımı ile yapılmış eserlerdir.

Matematik, en eski bilimlerden birisidir. İnsanlar arasındaki bir takım gereksinmelerden matematik doğmuştur. Günümüzden binlerce yıl önce bile ticaret bugünkü gibi medeni bir nitelikte olduğu için sayı ve ölçü kavramları kullanılıyordu. Sayı kavramı matematiğin temelini oluşturur. Üreticiler sayılarla ürünlerini sayıyorlardı. Sayılar alışverişi de olanaklı kılan para sistemlerinin ortaya çıkmasına yol açmıştır. Daha sonra bu medeniyetler matematiksel usa vurmayı mantıksal bir temele oturttular. Böylece kendilerini kanıtlayıcı olmayan önermelerin, temel varsayımlardan çıkarılabilmesini sağlayarak matematiği kesin bir bilim dalı haline getirdiler.

Matematik biliminin M.Ö. 600 yıllarına doğru Yunanistan'da doğduğu söylenir; ancak bu iddia tamamıyla doğru değildir. Yunanlılar, Ortadoğu'daki kültür merkezlerinin matematik bilgisinden kendi geleneklerine göre yararlandılar. En son araştırmalar, matematik kültürünün yeşerdiği merkezlerin, bu tarihten çok daha önce bir birinden ayrı bölgelerde var olduğunu ortaya koymuştur.

Eski yazı uzmanları tarafından okunabilen bir yazı kültürüne sahip Mayaların ve onların kültürünü sürdüren Azteklerin özellikle zaman hesabı, takvim problemi ve astronomi olaylarını önceden bilme konusunda uğraştığı sanılmaktadır. Yaptıkları zaman hesaplamalarında şaşılacak bir kesinlik olduğu görülmüştür. Matematik bilimi, 20 tabanlı bir sayılama sistemi üzerine kurulmuş bir aritmetik aletinin hassas çalışması ile daha da güçlenmiştir. Elde edilen bütün bilgiler, Mayalarda eski ve köklü bir medeniyet çerçevesi içinde ilgi çekici bir matematik çalışmasının var olduğunu ortaya koyar; ancak bu bilgilerin neden böyle birden sönüp gittiği tam olarak bilinmez. Bu konuyu "Bir Uygarlığın Yok Oluşu" bölümünde inceleyeceğiz.

Matematikte 'İlkler' Topluluğu

Maya matematiğinde milyonlara kadar sayılabiliyordu. Matematikte olağanüstü başarılarıyla Orta Amerika tarihçilerini hala şaşkın halde bulunduran Mayalar, Avrupalılardan binlerce yıl önce sıfır sayısını biliyorlardı ve bu sayıyı insanlık tarihinde belki de ilk kez onlar kullanmışlardı. Bu da büyük bir düşünsel soyutlama gücünün işareti olarak görülmektedir. Bu rakamı kendi özel yazım biçimlerinde bir göz veya istiridye benzeri bir şekilde çiziyorlardı. Ancak, Mayaların neden 0 rakamıyla ilgilendikleri bugün hala bir bilmece... Çünkü, Maya hesap sistemi, sıfırın kullanılmasını gerektirmeyen bir sistemdi. Maya hesap sisteminde birli haneleri, 10'lu haneler yerine 20'li haneler, onları da 100'lü haneler takip ediyordu. Matematikte, dört işlemi, yüzdeyi, sonsuzluk kavramını da kullanan ilk toplum Mayalardı.

Bu gün bizim sahip olduğumuz ondalık sayılar yerine Mayalar temel bir 20 rakam kullanıyorlardı; yani yirmilik sistem üzerine kurulu bir sayılama sistemine sahiplerdi. Her sayıyı, tıpkı ay ve gün işaretlerinde olduğu gibi, bir simge ile gösteriyorlardı. Ayrıca 'stenografik' olarak saymak için bar ve dot sistemi kullanıyorlardı. Bir dot 1 için ve bir bar 5 için kullanılıyordu. Sayılar 20'nin katlarını gösterecek biçimde düşey bir cetvel üzerine yerleştirilmişti. Böyle bir aritmetik yardımıyla sınırsız hesap işlemleri yapmak ve takvimler sayesinde çok uzak tarihleri bile göstermek mümkün oluyordu.

Aşağıda yer alan tabloda hesaplama sisteminin nasıl çalıştığını görebilirsiniz:

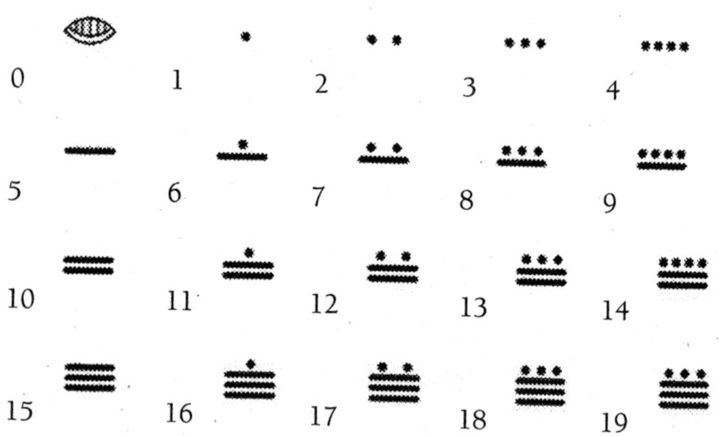

Bu sayı sisteminin temeli 20 olduğundan, büyük numaralar aşağı yazılıyordu. Biz bir hesaplamayı kendi ondalık sistemimizde de yapabiliriz:

Örneğin:32, 3x10+2'dir. Mayaların sisteminde bu 1x20+12 şeklinde olabiliyordu; çünkü onlar temel olarak 20'yi kullanıyorlardı.[26]

Rakamlar aşağıdan yukarıya doğru yazılıyordu. Aşağıda 32 rakamının nasıl yazıldığını görebilirsiniz.

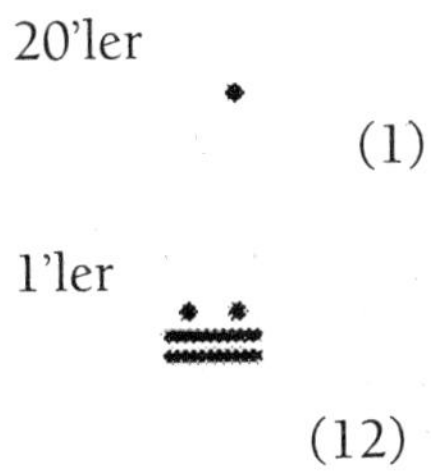

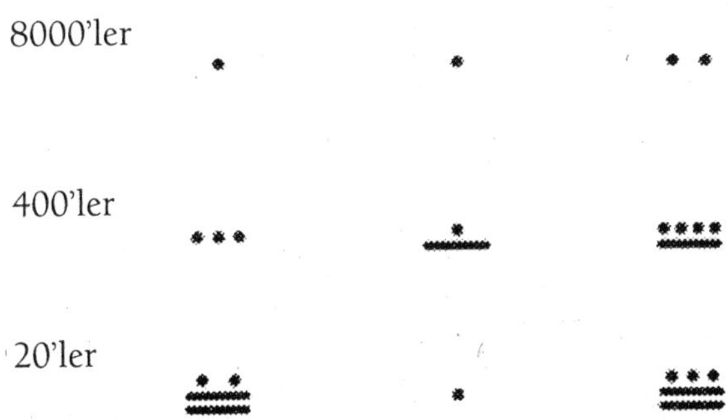

Bu sayı sistemiyle toplama ve çıkarma yapmak çok kolaydı. Yukarıda basit bir toplama işlemi yer almaktadır.

26 http://www.michielb.nl/maya/math.html

Gördüğünüz gibi, toplama sadece bir dotların ve barların toplamı olayıdır. Günümüzde Mayaların kullandıkları bu matematik sistemi oldukça anlaşıldı ve yüzyıllar önce yaşamış bu toplumun hayranlık uyandıran bir ustalığa sahip oldukları görüldü. Bu medeniyetin geliştirdiği matematik sistemi Yunanlıların ve Romalılarınki ile kıyaslandığında ne kadar kullanıma yatkın olduğu görülmektedir. Yunanlılar sayıları yazmak için 24 harf ile Sami menşeli 3 ek işaret kullanılan bir sayı sistemi ortaya koymuşlardır. Romalılar ise başlangıçta eski Mısırlıların yaptıkları gibi değişik bazı harfleri tekrarlayarak rakam olarak kullandılar. Örnek: XXXXX = 50

Ancak bu iki sistemin yeteri kadar pratik olmaması, her iki medeniyetin bilimsel ve ticari gelişimini engelledi. Bu sistemler özellikle büyük sayılara yansıdıklarında Maya sistemine göre kullanışsız kalmışlardır. Mayalar herhangi bir sayıyı sadece üç sembolle -nokta, çizgi ve sıfırı gösteren istiridye şekli- gösterebilmekteydiler. Maya tüccarları da kakao çekirdeklerini kullanarak bile kendi hesaplamalarını yapabiliyorlardı.

Mayaların geliştirdiği bu ayrıntılı matematik sistemi, kronolojiye olan ilgilerini oldukça tatmin edecek düzeye ulaştırdı. Takvim bilgilerine hakimiyetleriyle yağış periyotlarını tam olarak hesaplayabildiler böylece verimli bir ekim ve hasat yapılabilmesini sağladılar.

Takvim Bilgileri

İnsan var olduğu ilk günden beri her dönemde farklı medeniyetler ve kültürler inşa etmiştir. Yüzyıllar sonra yeni medeniyetler kurmuş ve geliştirmiş olan insanlar eski uygarlıklarında aynı kendileri gibi sanatsal, bilimsel, kültürel ve hatta

Mayalar astronomide oldukça ileri bir uygarlıktı. Kulladıkları takvim neredeyse kusursuz bir zaman ölçümüne sahipti.

Astrolojik gözlemler için tapınak-piramitler kullanılmaktaydı.

teknoloji bakımından çok gelişmiş uygarlıklar olduklarını görmüşlerdir. Mayaların da kurdukları takvim sistemi ile günümüzde zaman bilimi olarak tanımlanan kronoloji bilimini bugüne çok benzer biçimde kullandıklarına dair izler, bugün bilim çevrelerinde büyük hayranlık uyandırmaktadır.

Zaman, hareketin ölçü birimidir. Takvim, zamanı günlere, aylara, yıllara bölme metodudur. Aynı zamanda takvim, zamanın ileriye ve geriye doğru izlenebileceği bir yoldur. İnsanlar zamanı ölçerken ölçü aracı olarak Güneş'i ve Ay'ı kullanmışlardır. Mayaların da hem Güneş hem Ay takvimleri bulunmaktaydı.

Maya tapınaklarında hemen her bir kabartma, süs veya heykel doğrudan doğruya bir tarihle bağlantılıdır. Mayaların her binasının neredeyse taşlaşmış bir takvim olduğu söylenebilir. Bu yapılarda hiçbir şekilde rasgele bir inşa söz konusu değildir; adeta estetik, matematik ile bütünleşmiştir. Mayalar düzenli olarak tarih taşıyan anıtlar diker ve stellerin, (yüksekliği eninden uzun yekpare bir taştan oluşan yapıt türü) vazoların üstüne, tarih kazırlardı; bu da onların zamanı hiç akıllarından çıkarmadıklarını gösteren bir belirtidir.

İlk bakışta korkunç süsleriyle korku veren Maya anıtları aslında bir sayıyı ya da takvim ayarlamasını dile getiriyordu. Yapıların mühendislik harikalıklarına, takvim biliminin işleyiş sırları eklenmiştir. Bütünüyle takvime göre düzenlenmiş bu mimarlık ve sanatın dünyada bir eşi daha yok gibidir. Bu takvim hakkında araştırmalar derinleştikçe, ileri uygarlık seviyesinde olan ve sürekli yeni sürprizlerle günümüz bilim adamlarını şaşırtan Mayaların yeni bir bilimsel üstünlüğü ile karşılaşıldı; Mayalar dünyanın en iyi takvimini geliştirmişlerdi.

Maya kronolojisi, Ay takviminden çok Güneş takvimine göre oluşturulmuştu. Fakat böyle bir kronoloji oluştururlarken, Ay'ın ve Venüs'ün devirlerini de hesaba katmaktan geri kalmamışlardı. Aslında Mayaların bir değil, üç takvimleri bulunuyordu. Bunlardan ilki olan takvim (Tzolkin) 260 günden oluşur ve "kutsal" olarak addedilirdi. İkincisi (Haab) 18 ay 20 gün ile 5 artık günden olmak üzere, 365 günden oluşuyordu. Üçüncüsü ise, çok uzun dönemli bir takvimdi ve M.Ö. 3114 yılından başlıyordu.

Mayalar 20 günün hepsine ayrı ad vermişlerdi, hepsi de simgesel değer taşıyordu:

Maya Günlerinin İsimleri ve Anlamları			
1-İmiks	Su nilüferi	11- Çuen	Maymun
2- İk	Hava, yaşam, rüzgar	12- Eb	Diş
3- Akbal	Gece	13- Ben	Sazlık
4- Kan	Mısır	14- İks	Jaguar
5- Ciçan	Canavar, yılan	15- Men	Kuş, kartal, bilge kişi
6- Kimi	Ölüm	16- Kib	Ruh
7- Manik	Geyik, yakalamak, el	117- Kaban	Kuvvet, Dünya
8- Lamat	Venüs	18- Eznab	Çakmaktaşı, bıçak
9- Muluk	Yağmur, su1	9- Kauak	Fırtına
10- Ok	Köpek	20- Ahau	Efendi

Hassas Zaman Hesaplamaları

Maya takvimi, bildiğimiz bütün takvimlerden başka türlü temellere dayandırılmış olmasına karşın, çözülmesinde güçlük çekilmemiştir. Güneş ve yıldızlar uzun periyodlar boyunca gözlenmeden doğru bir takvim yapılamaz. Mayalar zamanı ölçmede en hassas hesaplara ulaşmak için, farklı döngülerden yararlanmışlardı. Bunların ilki, "kutsal takvim" olarak kabul ettikleri ve 20'şer günlük 13 aydan oluşan "Tzolkin" (Gün Sayımı) denen döngüdür. Bu döngü, 13 rakam ve 20 ismin oluşturduğu kombinasyonları içerir ve 260 günlük sürecin bitiş günü "13 Ahau" dur. Tzolkine bağlı Maya takvim yorumlayıcıları yeni doğan çocukların kişilik özelliklerini 260 günlük döngü içerisinde doğduğu günün belirlendiğine inanırlardı. Tzolkin bu bakımdan onlar için astrolojik bir orakl -bir kişinin zayıf yönlerini ve erdemlerini ortaya koyan bir nevi "kitap"- görevini görürdü.[27] Bu takvimin astronomik kullanım alanları da vardır; çünkü iki tzolkin dönemi (520 gün) üç tutulma yarı yılına eşittir (bu süre içerisinde tam olarak üç tutulma gerçekleşir), yani tzolkin tutulma tahminleri yapmak için de kullanılırdı. Mayaların takvimlerinin astronomiden, insan psikolojisine kadar nasıl hayatlarını etkilemekte olduğunu açıkça görebiliyoruz. Mayalar uzun zaman önce evrendeki olayların Dünya üzerindeki olaylar ile uyumlu bir biçimde gerçekleştiğini sezmişlerdi.

On üç ve yirmi Tzolkin'in anahtar sayıları, zaman bilimlerinin temelini oluşturuyordu. On üç rakamı, Ay'ın yeniaydan dolunaya kadarki evresinden gelir. Yirmi sayısı ise insan el ve ayak parmaklarının toplam sayısından ve ayrıca, Uzun Sayım

27 Maya Evrenbilimi, John Major Jenkins, 1998

takviminin yirmi günlük uinal döneminden gelir. Buradaki kavramlar Maya dilinde birbirlerine oldukça yakın kelimelerle ifade edilir. İnsan "uinac", Ay "uinal" kelimeleriyle. Yani buradan da anlaşıldığı üzere Maya takvimi insan, tarım ve astronomik döngüleri birleştiren kozmik bir sistemdir.

"Haab" (yağmur döngüleri) yani ikinci takvim, bugün bizim kullandığımız güneş takviminin çok benzeridir ve 20'şer günlük 18 ay ve beş günlük bir "artık" aydan oluşur. Haab dünyevi bir takvimdir, örneğin mısır ekmek ve hasat etmek gibi özellikle günlük tarımsal olayların zamanlamasını takip etmek için kullanılırdı. Büyük olasılıkla, Orta Amerika çiftçilerinin izlediği ilk astronomik döngü idi.

Mayalar Tzolkin takviminde aylara ad vermemiş, yalnızca sayıyla ifade etmişlerdi. Daha doğrusu 260 günü sıralamak için örneğin 8-Kaban ya da 3-İmiks gibi bir tanımlama yapmışlar. Tzolkin takvimine göre Mayalar günlerin sıralamasını "birinci ay rakamı –birinci gün ismi, sonra ikinci ay rakamı-ikinci gün ismi vs. şeklinde yapıyorlardı. Görüldüğü gibi takvim sistemleri basitlikten tamamen uzak, hatta oldukça karmaşık özellikleri olan bir sistemdir. Bu takvim sisteminin öncesi, yani bir kaynağı olup olmadığı bilinmemektedir.

Haab yılı aylarına sırasıyla Pop, Uo, Zip, Zotz, Tzek, Ksul, Yaskin, Mol, Çen, Yaks, Zak, Keh, Mak, Kankin, Muan, Paks, Kayab ve Kumhu adlarını vermişlerdi. Haab yılını hesaplarken Mayalar bu kez önce gün sayısını, sonra ay adını kullanıyorlardı; örneğin 3-Yakskin ya da 17-Pop gibi... Ancak her ayın ilk gününe "oturma günü" adını veriyor, sonra on dokuz gün sayıyor ve bir sonraki ayın oturma gününe geliyorlardı.

Mayalar, bu 18 düzenli aya Uayeb adını verdikleri özel 5 günlük bir ay ekliyorlardı ki oluşturdukları bu 5 günü isimsiz ve hayırsız olarak düşünüyorlardı. Son "beş günlük ay" olan Uayeb uğursuz sayılırdı; Mayalar bu günlerden çok korkuyorlardı. Burada Mısır ve Ortadoğu inançlarıyla önemli bir benzerlik vardır. Mısırlılar da "epagomenal gün" adını verdikleri beş günlük dönem hakkında aynı şekilde düşünüyorlardı. Mayalar her gün için, örneğin "3-Akbal 4-Kumhu" gibi iki tarih kullandılar. Yıl uzunluklarındaki fark nedeniyle tekrar 3-Akbal 4-Kumhu gününün gelmesi için 18.980 gün, yani yaklaşık 52 yıl geçmesi gerekiyordu.

Maya rahipleri bu iki çeşit takvimi de kullanırlardı. İlk takvim kehanette bulunmaya yarayan ayin takvimiydi. Aynı "sıfır noktası"nda iki takvim de başladığında, daha ilk döngüden itibaren ritimlerinin tutmayacağı ortadadır. Her iki döngünün gün sayıları ancak 52 güneş yılı sonra eşitlenir. Bu süre "Takvim Döngüsü" ya da "Aztek Yüzyılı" adıyla bilinir; nedeni Azteklerin de bu takvim uygulamasını devam ettirmiş olmalarıdır. Tzolkin ile Haab'ın bitişleri aynı güne denk gelir yani, Tzolkin'e göre 13 Ahau gününde, Haab da sona ermiştir. Mayalar, bu günü ilginç bir şekilde, fazlasıyla önemserler. Her 52 yıllık dönem sonu, onlar için "dünyanın sona erebileceği" bir yok oluş kabusuna eşittir.

Bu sistemler günleri, ayları ve nispeten yakın tarihleri belirtmeye uygundu ama Mayaların geliştirdiği kronoloji çok uzun süreçleri kapsıyordu. Bu uzun süreler için ne Tzolkin ne de Haab yılları yeterliydi. Dolayısıyla Mayaların zaman ölçümleri, Tzolkin ve Haab kombinasyonuyla bitmez. Mayalar bu sorunu çözmek için "Uzun Sayım" dedikleri bir yöntem kullandılar. Uzun sayım sistemi her düzeyde anahtar Maya sayısı olan yirmi ile çarpılan bir grup günler döngüsüne dayandırılmıştır:

Gün Sayısı	**Adı**
1	kin (gün)
20	uinal
360	tun
7200	katun
144000	baktun

20 kin = 1 uinal (20 günlük ay)

18 uinal = 1 tun (365 günlük yıl)

20 tun = 1 katun (7200 gün) yaklaşık 19.7 yıl

20 katun = 1 baktun (144.000 gün) yaklaşık 395 yıl

Yirmi ile çarpma kuralıyla ilgili olarak yalnızca tun sırasında bir istisna yapılmıştır. Güneş yılına yakın bir değerde olması için uinal dönem yirmi yerine 18 ile çarpılmıştır. Mayaların bir baktun, yani yaklaşık 395 yıllık bir takvim hesabı yaptıkları düşünülecek olursa, bu takvimi kullanmaya başladıkları ilk andan itibaren, uzun bir dönem boyunca bu hesap sistemini terk etmeyeceklerini planladıkları anlaşılıyor.

Tarım ve günlük işler için Haab'dan ve kısmen Tzolkin'den yararlanan Mayalar, tarihin neresinde durduklarını anlamak için Uzun Sayım'a da bakar ve onun günlerini kaydederler. Örnek: Bir günü, baktun, katun, tun, uinal ve kin'den oluşan 5 haneli bir "tarih" olarak yazmışlardır. Sözgelimi

"11.2.5.1.4" gibi bir tarih, Maya Uzun Sayım esasına göre "11 baktun, 2 katun, 5 tun, 1 uinal ve 4 kin" demektir ve 721.107 güne, yaklaşık olarak 4381 yıla eşittir. (11 x 144.000 + 2 x 7200 + 5 x 360 + 1 x 20 + 4= 1600224. Bu sayıyı bir güneş yılına denk gelen 365,242 güne bölersek, 4381,27 sayısını elde ederiz.) Bu da yaklaşık olarak M.S. 1267 yılına denk gelir.

Sürekli olarak 20 ve 13 rakamlarının çarpımlarını kullanarak daha büyük birimlere ulaştıklarından sadece insanlar için değil, toplumlar, devletler için bile "astronomik" ölçüde uzun süreçleri ve döngüleri hesaplamışlardır. Mayalara bu denli uzun bir süre, günlük pratik kullanımlar için değil, daha çok dinlerine göre kutsal hesaplamalar için gerekmiştir.

Her 394 yılda bir gerçekleşen baktun bitimleri Mayalar için özellikle çok önemliydi; çünkü uzun bir zaman döngüsünün sonunu belirtiyorlardı. M.S. 830 yılında, Maya Uygarlığı'nın bölünmeye başladığı dönemde onuncu baktun sona ermişti. Mezo-Amerika arkeolojisi konusunda uzman antropolog Dennis Puleston, Mayaların çöküşünün kısmen bir tür bizzat gerçekleştirilen yok oluştan kaynaklandığını öne sürmüştür.[28]

Maya tarihinde "başlangıcı" olarak belirlenmiş noktayı bilmezsek, yukarıdaki hesaplamaları yapamayız. Her toplum kendi takvimini oluştururken kendileri için önemli saydıkları bir günü başlangıç olarak kullanmışlardır. Örnek: Romalılar Roma'nın kuruluşunu, Müslümanlar Hicreti, Hristiyanlar Hz. İsa'nın doğumunu gibi... Bizim takvim sistemimize göre bu an,

28 http://ethical.arts.ubc.ca/Nova.html

Hz. İsa'nın doğduğu varsayılan yıldır. Gregoryen takvimimizde biz bu yılı "0" olarak kabul eder ve öncesini, sonrasını buna göre hesaplarız. Mayalarda da bu tarihin başlangıcı 0.0.0.0.0 günü olmalıdır; yani herşeyin başlangıç noktası. Eğer bu tarihin, bizim takvimimize göre hangi güne denk geldiğini bilmezsek, Maya Uzun Sayım'ındaki hesapların da bizler için hiçbir anlamı yoktur.

Tapınakların yaşları karbon-14 testi (varlıkların yaşlarının belirlenmesinde kullanılan bir tür radyometrik test) yardımıyla hatasız belirlenebilmektedir. İzapa, Chichén Itzá ve Monte Alban gibi bizim takvimimize göre yaşları büyük bir kesinlikle belirlenmiş arkeolojik yapıların içerisinde bu tapınakların yapılış tarihlerini Uzun Sayım takvimine göre belirten, Maya rahiplerine ait belgeler bulunmuştur. Yapılan matematiksel işlemler sonucunda, bulunduğumuz devrenin başlangıç tarihi yani Maya takvimine göre 0.0.0.0.0 günü de belirlenebilmiştir. Yanılma payıyla birlikte bu tarih, M.Ö. 3114 yılının yaz aylarına denk gelmektedir.

Maya Uygarlığı ile ilgili elimizde pek az doküman bulunmaktadır. En önemlilerinden biri Dresden Kodeksi diye bilinen metinlerdir. 1880 yılında Ernst Förstemann adlı bir kütüphane görevlisi bu metnin ayrıntılarına girdi ve ilk kez Tzolkin ve Haab takvimlerini çözdü. Maya kozmogonisine (evrenin doğumuna dair bilgi) göre, dünyanın geçmişi, on üç baktun'luk (aşağı yukarı 5125 yıl) devrelerden oluşuyordu ve bunların her birinin bitimi, dünya için radikal değişimler ve büyük yenilikler içeriyordu. İçinde bulunduğumuz devre, Mayalara göre 13.0.0.0.0 tarihinde son bulacaktır. On üç baktun çağların uzunluğuydu ve Carnegie Enstitüsü'nden Eric Thompson Mayaların bu hesaba göre, şimdiki çağın M.Ö. 13 Ağustos 3114 tarihinde başladığına ve M.S. 21 Aralık 2012 tarihinde sona ereceğine inandıklarını açıkladı.[29] (Bu konuya 'Mayaların İnancında 2012 Yılı' bölümünde detaylı olarak değinilmiştir/y.n.)

Gerek Maya şehirleri iç savaşları sırasında, gerek İspanyol istilası sırasında yapılan kültür katliamından dolayı, bu uygarlığa ait son derece az eser elimizde bulunduğundan, bir kronoloji çıkarmak güçtür. Bu konuda araştırmacılar bu sorunun içinden çıkabilmek için Azteklerden kalan "takvim taşı"nı referans alırlar. Bu taş ve Nahuatl (Aztek dili) metinleri gibi diğer bazı kalıntılardan genel hatlarıyla şöyle bir kronoloji çıkmaktadır:

Birinci Güneş	4008 yıl (Tufanla bitti)
İkinci Güneş	4010 yıl (Rüzgarla bitti)
Üçüncü Güneş	4081 yıl (Depremlerle bitti)
Dördüncü Güneş	Halen devam ediyor.

Bu çağların süreleri Codex Vaticano-Latino 3738 sayılı dokümandan alınmıştır. M.Ö. 11.000'lerde olduğu bilimsel çevrelerce de kabul edilen tufanı bir tespit noktası olarak kullanır ve Birinci Çağ'ın sularla sona erdiğini yazan, dört Maya yazmasının yer aldığı Popol Vuh'u doğru kabul edersek, verilen sürelere göre Dördüncü Çağ'da bulunmaktayız.[30]

---

29 Kayıp Tarih, Yalçın İlter, 2004
30 Kayıp Tarih, Yalçın İlter, 2004

İşte bu zaman hesap yöntemleriyle Mayalar, dünyadaki bütün diğer takvimlerden daha üstün bir doğruluk elde etmişledir. Bilinen takvimlerle bir karşılaştırma yapılacak olursa:

	Yıl Uzunluğu
Jülyen Takvimine göre	365.250000 gün
Gregoryen Takvimine göre	365.242000 gün
Maya Takvimine göre	365.242129 gün
Astronomi hesabına göre	365.242198 gün

Görüldüğü gibi rakamlar arasında çok küçük bir fark bulunmaktadır. Bu da, Mayaların matematik ve astronomi konusundaki uzmanlıklarını gözler önüne seren bir başka delildir.

Mayalar, doğrudan doğruya dine dayalı 20'şer günlük 16 aydan oluşan takvim ve 365 günden oluşan Güneş takvimi haricinde Ay'ın Dünya çevresinde 29.530020 günde döndüğü hesabına dayalı Ay takvimini de oluşturdular. Ay, Güneş'e göre günde yaklaşık 48 dakika kadar daha yavaş ilerler. Güneş'ten sürekli artan bir süre geri kalır. Nihayet on ikinci ayın sonunda Ay yılı, Güneş yılından on bir gün daha kısa olur. Her üç senede bir, bütün bir ay kaybedilir. Günümüz en modern hesaplarına göre Ay yılının bir ayı Mayaların hesaplarından çok küçük bir farkla, 29.53059 gündür. Görüyoruz ki Mayalar zamanı en hassas hesaplamalarla bilimsel olarak ortaya çıkarma ihtiyacı hissedecek "ilerilikte" bir medeniyet kurmuşlar.

Maya takvimine göre belirli bir tarih hesaplamak için şu internet adresini kullanabilirsiniz: http://www.pauahtun.org/Calendar/tools.html

Maya Kültüründe Pleiades'in Önemi

Takvimlerine çok bağlı olan ve uygarlık tarihinin en şaşmaz takvimini oluşturan Mayalar, Pleiades yıldız kümesine büyük anlamlar yüklemişlerdir. Ülker, Süreyya, M45, Yedi Kız Kardeş veya Pervin olarak da bilinen bu yıldız topluluğu bir açık yıldız kümesidir ve Boğa takımyıldızında yer almaktadır. Yani aynı dev moleküler buluttan meydana gelmiş birkaç bin yıldızdan oluşan bir yıldız gurubudur. Yıldızların kümelenmesi bir merkez etrafında değildir ve dağınıktır. Çekimsel bağlılıkları gevşektir. Açık yıldız kümeleri sadece, aktif yıldız oluşumun olduğu sarmal ve düzensiz galaksilerde bulunurlar. Pleiades, Dünya'ya en yakın açık yıldız kümelerinden ve büyük ihtimalle de en ünlü ve çıplak göze en güzel gözükenlerdendir. Pleiades yıldız kümesinin yaklaşık 425 ışık yılı uzaklıkta olduğu bilinmektedir. Işık saniyede 300 000 km yol alır ve 1 ışık yılı 9 trilyon km'dir. Dünya'ya en yakın yıldız olan Güneşin bize uzaklığı 8 ışık dakikası yani 144 000 000 km'dir. Dünyanın çevresinin ekvatorda 40 000 km olduğu düşünülürse 425 x 9 trilyon km'nin uzaklığı biraz olsun anlaşılabilir. Pleiades yıldız kümesinde son 100 milyon yıl içinde oluşmuş sıcak mavi yıldızlar başı çekmektedir. Frederick Wilhelm tarafından Pleiades'in, her yüzyıl için 5.5 saniye kesin bir hareketle döngüsüne devam ettiği keşfedilmiştir. Günümüzde, Pleiades çıplak gözle 6-7 yıldızdan oluşan çok küçük bir kepçe şeklinde görülür. Pleiades çıplak gözle en fazla 7 yıldız olarak görülse de, kümenin 250'den fazla üyesi olduğu teleskoplarla saptanmıştır. Çapı 40 ışık yılı kadardır. Yani ışık kümenin bir ucundan diğer ucuna 40 yılda gitmektedir.

Tarih boyunca pek çok ünlü şair ve yazar, eserlerinde bu güzel yıldızlara göndermeler yapmışlar, iltifat etmişlerdir. Mitoloji dışında da bir çok hikaye, roman, şiir ve diğer edebi ve sanatsal şekillerde, bu takım yıldızına atıflarda bulunulur.

Bu yıldız kümesinin gökyüzünün en tepe noktasına yerleşmesi, 52 yıllık döngülerle gerçekleşmektedir. Mayalar, sürekli olarak "Dünya'nın yok olacağı büyük felaket" korkusuyla yaşamış bir ulustur. Nereden kaynaklandığını bilmediğimiz inanışlarında, 52 yılda bir "dünyanın sonu"nun geleceği fikrine sahiplerdir. Bu nedenle, Pleiades döngüsünü tamamlayıp zenith (başucu) noktasında (Gözlemcinin astronomik ufkundaki tüm noktalardan 90 derecelik yükseklikte olan nokta. Diğer bir deyişle, göksel kürede gözlemcinin tam tamına başı üzerinde uzanan nokta için kullanılan terim.) belirdiğinde, Mayaların sevinçle bunu kutlamaları şaşırtıcı değildir. Böylece, "bir afet dönemi daha olaysız bitti, önümüzde 52 yıl daha var" diyebiliyorlardı. Bugün araştırmacıları şaşırtan konu, bu topluluğun dünyanın büyüleyici doğa güzelliklerine sahip bölgesinde yaşarlarken, niçin sürekli olarak böylesi "afet teorileri" oluşturup bunlardan korktukları. İnsan fıtratına aykırı olarak gerçekleştirdikleri ayinler ve katliamlar bu korkularının kaynağını oluşturuyor olabilir mi?

Mayalar Dünya'nın beşinci çağını yaşadığına, daha önce dört çağ ve dört farklı ırkın yaşadığına ve hepsinin büyük felaketler sonunda yok olduğuna inanıyorlardı. Bu felaketlerden kurtulan tek tük kişiler eski bilgileri yeni ırklara taşımıştı. Beşinci çağ şimdiki insanın çağıydı; Mayalara göre M.Ö. 12 Ağustos 3114 yılında başlamıştı ve M.S. 21 Aralık 2012 yılında çok büyük depremlerle sona erecekti! Bu kadar kesin bir kronoloji Mayaların çok gelişmiş bir takvim sistemine sahip olduklarını göstermektedir.

Mayaların geliştirdiği bu sofistike ve ayinsel takvim tüm Mezo-Amerika'da kullanılıyordu. Bu 260 gün veya kutsal sayılı takvim, muhtemelen kabul görülen yazının başlangıç tarihinden çok önce Mezo-Amerika'nın her yerinde yüzyıllarca kullanıldı.

Önceleri araştırmacılar Mayaların bu kadar karmaşık bir takvim sistemine neden ihtiyaç duyduklarını merak ettiler. Ancak buna yanıt bulamadılar. Çünkü bu düşünce sistemi günümüzde neden zaman hesaplamalarına ihtiyaç duyulduğunu araştırmak kadar anlamsızdı. Mayalar günümüzdeki insanlar gibi değişimler arasındaki süreyi hesaplama gereksinimi duyacak bilince sahip bir medeniyetti. Öyle ki Mayaların geniş bir astronomi bilgisine sahip olduklarını, bu arada bazı yıldızları ve başta Jüpiter, Mars ve Venüs olmak üzere gezegenleri çok yakından izlediklerini biliyoruz.

ASTRONOMİ BİLGİLERİ

Böylesi iyi bir takvimi düzenleyen bir halk kuşkusuz astronomi konusunda da uzmanlaşmıştı. Binlerce yıl önce yaşayan bu insanların gece gökyüzüne derin bir biçimde dönmelerini, bugün yıldızların gözükmediği kent merkezlerinde yaşayan insanlar anlayamamaktadır.

Burçlar kuşağından haberdar oldukları sanılan Mayalar, Kutup Yıldızı'nı ve ikizler burcunu da biliyorlardı ve kentleri, tüm yaşamı düzenleyen birer gözlemevi idi. Toplumsal yaşayışta rahipler tüm tarım işlerinden muaf tutuluyorlardı. Onların yaşamlarını adadıkları en önemli işlerden bir tanesi, teraslı piramitlerin üzerinde gözlem yapmaktı. Yıldızları incelediler, tropikal yağmurlardaki değişmeleri ve bu değişimlerin insanların ve bitkilerin yaşamına olan etkilerini araştırdılar ve elde ettikleri bilgilerle bugün ekosistem dediğimiz uyumun kurallarını ortaya koymaya çalıştılar.

Mayalar astronomi alanında yetkin bilgilere sahip olan değerli astronomlar yetiştirmişlerdir. Yalnızca Güneş'in ve Ay'ın değil, Venüs'ün ve hatta Merkür'ün hareketini bile kesin olarak hesaplamayı başarmışlardı.[31]

Gökyüzünü incelemeleri sonucu Maya rahipleri, gerçek bir kozmogoni bilimi (evrenin oluşumu ve gelişimi üzerine olan bilgiler) kurmuşlar ve Mayalar, sıfır ve yirmilik bir sistemden (20 sayısına dayanan) yararlanarak, gökbilim alanında son derece kesin ve karmaşık hesaplar yapmışlardır.

Presesyon Etkisi Ve Kutup Değişimine Dair Bilgileri

Günümüzde dünyanın dört kez kutup değişimi geçirdiği gerçeğini Mayalar gelişmiş astronomi bilgileri ile farkındaydılar. Dünyaca tanınan astrofizikçi Maurice Coterell'in edindiği bilgiler bir BBC muhabiri olan Adrian Gilbert tarafından derlendi ve "Maya Kehanetleri" ismiyle dünya kamuoyuna duyuruldu. Bu konudaki en önemli buluş eski Maya kenti Palanque'deki Yazıt Tapınağı'nda buldukları mezar taşının kapağındaki şifrenin çözülmesi oldu.

Simetriyle ilgili bilgileri çözerek çok önemli sonuçlara ulaştılar. Kapağın üzerindeki şerit motiflerini simetrik bir şekilde yan yana getirdiklerinde ortaya jaguar ve bunun üzerinde bir yarasa sembolünün ortaya çıktığını gördüler. Mayaların sakladıkları bu sembollerin bir anda belirmesi Coterell'i şaşkına çevirmişti. Çünkü Mayaların mitolojik yazıtlarında jaguar beşinci yani bizim çağımızı, yarasa ise ölümü sembolize et-

31 Thema Larousse Tematik Ansiklopedi, İnsan ve Tarih, 1. cilt, 489

mekteydi!.. Kapağın üzerinde açık bir şekilde görülen "Güneş Haçı"nın üzerindeki delikler ise Güneş'in manyetik etkisini temsil etmekteydi. Bu da Mayaların gizli mesajıydı.

Dünya'nın en az dört kez kutupsal değişim (kuzey ve güney kutbu) yaşadığı bilimsel verilerle kanıtlandı. Dünyamız'da bilinen ilk manyetik değişim (Kutupsal değişim) günümüzden yaklaşık 65-70 bin yıl önce yaşandı. Bu değişim, Gondwana'nın (Afrika'nın güneybatı ucunda, yaklaşık Madagaskar büyüklüğünde adalar topluluğu) batısı ile birlikte, Lemuria (Mu kıtası) denilen çok sayıda büyük adalardan oluşan kara parçasını su üzerine çıkardı. Teoriye göre bu kıta parçası yaklaşık 40.000 yıl önce insanlar için yaşam desteği oldu ve ikinci bir kutupsal değişim ile tekrar sulara gömüldü. 15 Kasım 2006 tarihinde Discovery kanalında dünyanın manyetik alanının belirli periyodlarla nasıl değiştiği açıklandı. Hatta bilgisayar ekranındaki üç boyutlu animasyonlarla gösterimi yapıldı. Şu anda Dünya'nın manyetik alanında muazzam bir değişim var. Bunun da en büyük nedeni Güneş'te meydana gelen değişimlerdir. Kutuplar yer veya açı değiştirdiğinde kutuplarda buzlar eriyor. Küresel ısınma sonucu şu anda Kuzey Kutbu'ndaki buzullar erimeye başlamış durumda. Mayalara göre de daha önce yaşanan çağlarda tıpkı bu şekilde sona erdi.

Yerkürenin büyük bir mıknatıs gibi davrandığını, 1600 yılından beri bilmektedir. Yerkabuğunun manyetik iki kutupluluk özelliğinin etkilerinden bir tanesi düzensiz aralıklarla Kuzey-Güney özelliklerinin değişmesidir ki, bunun da nedeni yerkabuğunun dış çekirdeğinin sıvı olması ve bu sıvı sistemdeki akıntı yönlerinin düzensiz aralıklarla değişmesidir. Yerkabuğunun manyetik kutuplarının düzensiz aralıklarla değişmesi, kayaçların içlerinde bulunan manyetik özellikli minerallerin yönlenmelerine de yansımaktadır. Dolayısıyla, yerkabuğu tarihi boyunca gerçekleşmiş olan tüm manyetik kutup değişimleri, oluşan kayaçlarda kayıt edilmektedir. Bu kayıt işlemi, hem okyanus ortası sırtlarda oluşan mağmatik kabukta, hem de okyanuslarda üst üste yığışan tortul katmanlarda kayıt edilmektedir. Yerkabuğu tarihi için standart bir manyetik kutup değişim-dönüşüm çizelgesi (manyetostratigrafik cetvel) hazırlanabilmektedir.

Önsözü Einstein tarafından kaleme alınmış olan "Yeryüzünün Kayan Kabuğu" adlı incelemenin yazarı Prof. Charles Hapgood bu konuyu şöyle açıklamaktadır: "Kutupsal sapma fikrinin kaynağı, belli zamanlarda dünyanın dış kabuğundaki hareketlerdir. Bazı kıtalar kutba doğru bazıları ise kutuptan uzaklaşacak şekilde hareket etmekte ve bu şekilde iklimler değişmektedir. Kıtasal sürüklenme ise kıtaların bağımsız hareket ettiği fikrine dayanmaktadır... Bazı yazarlar kıtaların hareketinin kutupsal sapmalara neden olduğu yönünde görüş belirtmektedir. Bu kitap, kutupsal sapma fikrini daha da ileri götürerek, kıtaların yer değiştirmesini sebep olarak görmektedir. Bu kitap dünya kabuğunun son hareketini delil olarak sunmaktadır ve buzul çağının bitişine denk düşmektedir. İklimsel değişime neden olmuştur."[32]

Hapgood, bugünkü kutup noktasından daha önceki üç kutup noktasını işaret etmektedir. Son kuzey kutup noktası, Kanada'nın kuzeyindeki Hudson Körfezi ismiyle bilinen bölge, ki son buzul çağında Kuzey Amerikan buz tabakasının merkez noktasıydı. Daha önceki noktalarsa, Greenland (Grönland) De-

32 Charles H.Hapgood, The Path of the Pole, (1999), Adventures Unlimited Press http://www.crystalinks.com/crustal.html

nizi ve Kanada'daki Yukon bölgesi. Hapgood bu iddialarını radyo karbon tarih saptamasına göre ortaya koymaktadır. Yapılan ölçüme göre her bir değişiklik yaklaşık otuz derece kadardı.

Mayalar kendi takvimlerinde ve Maya yazmalarının yer aldığı Popol Vuh'da da belirttikleri gibi Dünya'nın dört kez eksen açısını değiştirdiğini ve bir beşinci değişimin de günümüz yüzyılında olacağını ifade etmişlerdir. Bunun periyodik olarak tekrar etmesinin en büyük nedeni güneşte meydana gelen manyetik değişimin, yeryüzündeki manyetik değişime etki etmesidir. Yani manyetik alanın değişmesi nedeniyle bu tetiklemenin bir sonucu olarak dünyanın eksenin açısında da kaymalar meydana gelmektedir. Astro fizikçi Maurice Coterell bu durum hakkında şunu ifade etmiştir; "Her Kozmik Döngü'de güneşin manyetik alanı beş kez yer değiştirir. Bu, Mayaların dünyanın geçmişte tam dört kez büyük doğal afetler (Tufanlar) geçirdiğine ve Beşinci Güneş Çağı'nın sonundaki yani 21. yüzyıldaki beklenen Tufan'ın takip edeceğine inanmalarının ana sebebidir."[33]

Dünya'mıza ulaşan güneş ışınları oranı, Dünya'mızın Güneş etrafındaki yörüngesinin şekline bağlıdır. Dünya'mızın Güneş etrafındaki yörüngesi ise sabit değildir. Bu yörünge uzunca bir elips şekliyle, dairesele yakın bir elips şekli arasında yaklaşık 100 bin yılda bir değişir. Bu nedenle Dünya'nın güneşten aldığı ısı, Güneş'e yakınlığına veya uzaklığına bağlı olarak, yaklaşık 100 bin yıl aralıklarla değişir. Yörünge uzun elips şeklinde olduğunda, yarı kürelerden birinde, yaz - kış sıcaklık farkları çok artarken, diğer yarı kürede yaz - kış farkı neredeyse kaybolur. Bunun sonucu olarak da iklimsel değişimler oluşmaya başlar.

---

33 Maya Kehanetleri, Adrian Gilbert & Maurice Cotterell - Element Books, 1995

Dünya'mız yukarıda belirtilen yörüngesi üzerinde ilerlerken, aynı zamanda kendi ekseni etrafında da döner. Dünya'mızın kendi ekseni etrafındaki dönme ekseni, Güneş etrafındaki dönme düzlemine dik değildir ve günümüzde yaklaşık 23° 'lik bir açı yapar. Bu açı da sabit değildir ve yaklaşık 21° ile 25° arasında değişir. Bu değişimin periyodu ise yaklaşık 40 bin yıldır. Bu nedenle bu periyodlarla Dünyamızda iklimsel faktörler değişir. Eğim derecesi arttıkça, yaz-kış arası sıcaklık farkları artar: Dünya'mızın hem kuzey hem güney yarı küresinde yazlar daha sıcak, kışlar daha soğuk geçmeye başlar (Eğim derecesi azaldıkça, mevsimsel farklar azalmaya başlar.).

Diğer bir astronomik döngü ise, Dünya dönme eksenindeki "presesyon" denilen değişim olaydır. Yaklaşık her 20 bin yılda bir gerçekleşen bu "presesyon" değişiminde, bir yarıkürenin mevsimi yaz beklenirken kışa, diğer yarıküreninki ise kış beklenirken yaza dönüşüverir. Örneğin, günümüzde Dünya'mız Ocak ayında Güneş'e en yakın konumundadır ve bu zamanda Güney Yarıküre'de yaz, Kuzey Yarıküre'de kış mevsimi yaşanmaktadır. Temmuz ayındaysa, dünyamız Güneş'e en uzak konumundadır ve Kuzey Yarıküre'de yaz, Güney Yarıküre'de kış olur (Bu nedenle, Kuzey Yarıküre'de iklim koşulları, Güney Yarıküre'deki iklime göre çok daha ılımlıdır). Yaklaşık her 20 bin yılda bir, Dünya dönme ekseninin Güneş etrafındaki yörünge düzlemiyle yaptığı 23° lik açı tam zıt yöne kayar ve ocak ayı geldiğinde, daha önce ocak aylarında kış mevsimi yaşayan yarıküre yaz mevsimine, kış mevsimi yaşayan yarıküre yaz mevsimine kavuşur. Yani, yaklaşık her 20 bin yılda bir, her bir yarıküre art arda iki kış veya iki yaz mevsimi yaşamak zorunda kalır!

Dünya'nın ekseninin ağır ağır değişmesi ekinoks güneşinin konumunun yavaşça batıya doğru, yıldızların arka planına kaymasına, böylelikle de "ekinoksların presesyonu" adının verilmesine neden olur. Şu anda Dünya'nın ekseni (Kuzey Gök Kutbu) kabaca Kutup Yıldızı'na işaret eder ama beş bin yıl önce Kuzey Gök Kutpu kabaca Alpha Draconis'e işaret ediyordu. M.S. 11.000 yılında Kutup Yıldızı, Vega olacaktır. Ekinokslardaki presesyonel kayma aynı şekilde gündönümleri için de geçerlidir. Örneğin, şu anda Aralık Gündönümü noktası Yay Takımyıldızı'ndadır. Ancak iki bin yıl önce Oğlak Takımyıldızı'ndaydı. O zamandan bu yana neredeyse bir tam burç geriye kaymıştır. Modern astronomlar bir tam presesyon döngüsünün 25.600 ile 26.000 yılda gerçekleştiğini hesaplamaktadırlar. Mayaların presesyon hesabı ise, 25.626 yıldır. Uzun Sayım takviminin 13 baktunluk döngüsünün bitiş tarihi presesyon döngüsünde ender rastlanan bir hizalanmayı belirttiğine ve Uzun Sayım tarihlerine dair arkeolojik kayıtlar da ilk kez M.Ö. 1'inci yüzyılda görünmeye başladığına göre, antik gökyüzü gözlemcilerinin o tarihte presesyonu çoktan hesaplamış oldukları bellidir. Yaklaşık 2100 yıl geleceğe bakışları son derece kusursuzdu ve antik gökyüzü gözlemcilerinin ileri evrenbilimi bilgisine sahip oldukları açıktır.

Bazı modern astronomlar presesyonun zor fark edilir ve hesaplanabilir olduğunu düşündükleri için Mayaların bu konuda bilgi sahibi oldukları düşüncesinin üzerinde durmadan geçiştirirler.[34] Bu konuda pek çok kitap ve makalenin yazarı olan Essex Üniversitesi'nden Maya araştırmacısı Gordon Brotherston şunları yazmıştır: "Kadim Mayalar presesyonu niye anlamamış olsunlar ki? Mayalar tüm Yeni Dünya kültürleri arasında mate-

34 Michael Closs, Mayalar Ekinoksların Presesyonunu Biliyorlar mıydı?,1983

matik, astronomi ve takvim bilimi konularında en gelişmiş kültür olarak görülmektedir... Hesaplama becerisine sahip ve kronolojik açıdan ileri olan bir kültürün presesyon fenomenini fark edip hesaplamış olmasından daha olası bir şey olamaz."[35]

Güneş–Pleiades–Zenith Noktası Birleşimi

Mayaların 584 gün olarak buldukları Venüs yılı, bugünkü hesaplara göre 583.92 gündür. Şaşırtıcı bir astronomi bilgisiyle yalnızca Güneş, Ay ve Venüs gibi "birincil" gök cisimlerinin değil, neredeyse bütün önemli uzak yıldızların bile hareketlerini gözlemlemişlerdi bu insanlar.

Mayaların astronomi birikimlerinde, Boğa Takımyıldızı'ndaki Pleiades grubunun ayrı bir önemi var. Güneş'i, Ay'ı, Venüs'ü, Mars'ı ve Ekliptik üzerindeki bütün değişimleri dikkatle izleyip gök günlüklerine kaydeden Mayalar, 7 parlak yıldızıyla açık gecelerde Pleiades grubunu da yakın takibe almışlardı. Bu yıldız grubunun gökyüzünün tepe noktasından ("zenith" noktası) geçişi, Mayalar için önemli bir olaydı ve genellikle Tzolkin ile Haab'ın son günlerinin çakıştığı 52 yıllık dönemin sonunda yaşandığı için de fazlasıyla önemsenirdi. Meksika'nın güneyinde Oaxaca Vadisi'nde bulunan Monte Alban'dan Tacana volkanına yakın İzapa'ya dek birçok kentte, gökyüzünün tepe noktasını gözlemlemek için hizalanmış bölümlere sahip yapılar bulunmuştur. Bu gözlem noktalarında başını yukarı kaldırıp belli bir anda daracık bölümden gökyüzüne bakan gözlemci, yalnızca zenith noktasını görürdü. Ayrıca Güneş'in Zenith noktasına ulaştığı öğle saatleri de bu bölmelerden gözlenirdi.

35 Gordon Brotherston, Mezo-Amerikan Ritüelinde Atronomik Normlar ve Zaman Hesaplaması

Chichen Itza tapınağı Mayaların en büyük tapınaklarından biridir.

Tikal Piramidi de Mayalar için büyük önem taşımaktadır.

Meksika'nın güneyinde, İzapa'nın geçtiği paralel üzerinde Güneş–Pleiades buluşması, presesyon etkisinden bağımsız olarak her yıl, ilkbahar ekinoksundan 61 gün sonra gerçekleşir. Günümüzde bu tarih, Güneş'in Boğa Burcu'na girdiği 20 Mayıs tarihine denk gelmektedir. Gündüzleri yıldızlar görünmese de, tıpkı Mezopotamya, Mısır ve diğer Yakındoğu halkları gibi Mayalar da geniş astronomi bilgisi ve ince hesaplarla çizilmiş yıldız haritaları sayesinde, yıldızların konumlarını gündüzleri de belirleyebiliyorlardı. Pleiades'in Güneş ile aynı hizaya gelmesi de dikkatle izledikleri göksel olaylardan biriydi. Buluşmanın zenithte gerçekleşme durumunda, bu müthiş üçlü birleşme, Mayalar için oldukça heyecan vericiydi ve hiç kuşkusuz, bir değişim döneminin başlangıcına işaret ediyordu. Bu astronomik olayın gerçekleşme tarihi de 20 Mayıs 2000'dir. Mayalar, 13 Baktun'un hemen öncesine denk gelen bu astronomik buluşmayı, bir sürecin başlangıcını işaretlemek için kullanmışlardı.

İzapa'nın konumuna göre belirlenen 20 Mayıs 2000 tarihi, Chichén Itzá'da 23 Mayıs 2000'e rastlar. (Türkiye'de 25 Mayıs 2000.) Bu Maya kentindeki astronomik yapılar da bu gizemli buluşmanın binlerce yıl önce hesaplanmış işaretleridir. Ünlü Kukulkan Piramidi'nin tepesinde, doğrudan zenithe yöneltilmiş, çıngıraklı yılan kuyruğu biçiminde bir sütun yer alır. Çıngıraklı yılanın kuyruğundaki "çıngırak" işaretleri, Maya kültüründe Pleiades'in simgesidir. Çıngırağın biraz aşağısında, "Ahau yüzü" olarak adlandırılan bir kabartma vardır ve bu da Güneş'i simgelemektedir. Bir bütün olarak Kukulkan Piramidi'nin tepesindeki şekil, Güneş–Pleiades–Zenith buluşmasına işaret etmektedir; yani. 20 Mayıs 2000 günü öğle saatlerinde oluşacak astronomik dizilim, yüzyıllar evvel Mayalarca, yapılan piramidin tepesinde simgesel olarak gerçekleştirilmiştir.

Mayaların ağaç kabuklarına yazdıkları günümüze kalabilmiş en eski kitapları olan Dresden Kitabesi'nde de Mayaların 260 günlük döngü üzerinde yoğunlaştıkları görüldü. İlk başta kimi uzmanlar belirli bir periyodda kendini tekrar eden günler zincirinin, herhangi bir göksel ritimle alakasının olmadığı yorumunu yaptı. Ancak, bu döngünün güneşin değişen kutup ve ekvatoral manyetik alanlarıyla yakından ilişkili olduğu, daha sonra yapılan bilimsel çalışmalarla net bir şekilde ortaya kondu. Fakat yine de bu döngünün kesin bilimsel temellere oturtulabilmesi, sadece, son on iki yıldaki uzay çağı araştırmaları ve uzay yolculukları sayesinde yapılabilen modern astronomik gözlemler kullanılarak mümkün oldu. Bizim en son uzay araştırmalarımızın sonunda fark ettiğimiz 'Güneşin manyetik tersinirliği'nin (çeşitli kavramlar ya da nesneler arasındaki geri dönüşlü ilişkiyi anlayabilme yeteneği) zamanını ortaya çıkaran döngünün önemini ve varlığını Mayaların anlayabilmeleri gerçekten nasıl gelişmiş bir uygarlık olduklarının kanıtıdır.

Mayalar önemli seremonilerini Güneş'in Zenit'ten geçişi ve Güneş–Pleiades kavuşumu tarihlerine denk getiriyorlardı. Yönetimin simgesi olan yılan ayaklı asalar, Güneş–Pleiades–Zenit kavuşumlarını temsil ediyordu. Yukatan'da keşif sırasında Güneş'in Zenit'ten geçişleri Yeni Yıl günü olarak kutlanmaktaydı. Görülüyor ki Zenit evrenbilimi, Mezo-Amerika bölgesinde astronomiyle beraber pek çok farklı konuyla da ilişki içerisinde bulunuyordu.

Asırlar Sürecek Gözlemler İçin Mükemmel Konumlandırmış Gözlemevleri

Mayaların yaptıkları astronomik hesaplar o kadar hassastı ki bu dakik sonuçlara asırlar boyuca süren gözlemler yapmadan ulaşmaları imkansızdı. Maya astronomları dört asır süren astronomik gözlemler sonucunda 405 dolunayın 11.960 günlük periyotlara bağlı olarak tekrarlandığını hesaplamışlardı. Bu konuyla ilgili olarak bugünkü modern astronominin bulduğu rakam 11.959,888'dir.

Maya gök gözlemcileri, iki bin yıl önce, Samanyolu ve Güneş'in yavaş yavaş birbirlerine yaklaştığını nasıl gözlemleyebilmişlerdir? Bu sorunun cevabının bir bölümü için Mayaların karmaşık mimari mühendislik dehalarına bakmamız gerekiyor. Chichén Itzá şehrinde Büyük Top Alanı'nın, Üst Jaguarlar Tapınağı'nın ve ünlü Caracol gözlemevlerinin konumlarının Maya evren bilimine nasıl hizmet ettiklerini göreceğiz. Her birinin bir nevi mimari–kozmo kavramı bulunuyordu.

Tarihi olarak, M.S. 750 civarında, Orta Meksika'daki Teotihuacan'ın çökmesinden sonra Chichén Itzá, büyük bir Toltek göçmen dalgasını kabul etti ve bu göçmenler beraberlerinde kendi Dünya Çağı evrenbilimlerini ve efsanelerini de getirdiler. M.S. 830'daki onuncu baktunun sonundan itibaren, Chichén Itzá'da son derece karmaşık yöntemler aracılığıyla gökler ile hizalanmış pek çok etkileyici yapı inşa edilmeye başlandı. Batıdan gelen taze bilgiler sonucunda daha önceden edinilen bilgilerle birleştirilip Chichén Itzá'da yeni bir tarih sayfası açıldı.

Caracol gözlemevinde araştırmalarda bulunan astronomlar, kalıntıların üst kulesindeki pencerelerin Venüs'ün güney ve kuzeyde en uç noktadaki doğuşlarını işaret etmekte olduğunu, kuledeki bir başka pencereden ekinokstaki gün batımının izlendiğini gördüler. Tüm yapının temelinin konumu ise Caracol gözlemevinin konumunun bilinçli bir şekilde ayarlandığını göstermekteydi. Temelin bir köşeden diğerine doğru olan hizalanması, gündönümü eksenine karşılık gelmekteydi. Üst platformdan uzanan dikey bir hat, Chichén Itzá'nın bulunduğu enlemde, Güneş'in 20-25 Mayıs ve 22-27 Temmuz tarihlerinde Zenit'ten geçişi sırasındaki batış noktasını işaret etmekteydi. Astronom Anthony Aveni'ye göre M.S. 1000 yılı civarında, Pleiades'in son batışı nisan ayı sonunda Caracol'un üst kulesinden gözlenebiliyordu. Aveni, Caracol'un Pleiades, Zenit'teki Güneş, gündönümü ekseni, ekinoks ve Venüs ile olan ilişkisi haricinde astronomik olaylarla ilgili on beş diğer ilişki saptamıştır.[36]

Mayaların Teleskopları Var mıydı?

Mayaların aynı günümüzdekiler kadar doğru takvimlerinin oluşu bilim adamlarını daha fantastik olasılıkları araştırmaya yöneltmiştir. "Kadim Astronotlar Derneği" Mayalı astronomların teleskopları olup olmadığını araştırdı. Kaliforniya'da yaşamakta olan elektronik mühendisi V. N. Gus Gercke'den aldığı mektubu "Ancient Skies" dergisinde yayınlayan Andrew Tomas oldukça ilgi çekici bilgiler ortaya koydu.

Gus Gercke Yukatan'a 13 defa giderek Maya teleskopları üzerine oldukça detaylı incelemelerde bulunmuştu. Gus'ın gön-

36 Anthony Aveni, Chichén Itzá'daki Caracol Anıtı:Antik Bir Astronomik Gözlemevi mi?, Science 1975,188

derdiği mektuplardan eski Meksika'da bazı antik teleskopların izlerine rastlanmış olduğu anlaşılıyordu. Guatemala ve Meksika kökenli iç bükey ve dış bükey aynalar bulunmuştu. Bu aynalar öyle ufak tefek şeyler olmayıp, ortalama 12 m çapındaydı. Bu çapta aynalar günümüzde amatör astronomlar tarafından yaygın olarak kullanılmaktadır. Bu aynaların yapıldıkları hammaddeler hematit, ilmenit ve manyetik olarak belirlenmiştir.

Gus Gercke söz konusu iç dış bükey aynaları daha dikkatli inceledi. Çünkü özellikle konkav (iç bükey) bir ayna bir teleskopun en önemli parçalarından biriydi. Bunlar ilmenitten yapılan aynalardı ve yarısı demir oksit, yarısı titanyum oksitten oluşuyordu. Günümüz teleskoplarının konkav aynaları ise alüminyum kaplıdır. Gercke Maya aynalarının besbelli bir biçimde "civa" ile kaplı olduğu yorumunu yaptı. Gerçekten de "civa"nın elde edildiği "cinnabar" elementine yöredeki iki ayrı arazi parçasında rastlanmıştı. La Venta konkav aynalarının analizi Smithsonian Enstitüsü Bülteni'nde de Jonas Gullbeg imzasıyla yapılmıştır: "La Venta konkav aynaları, o kadar sanat ve teknik özelliklere sahip bulunmaktadır ki, bunları kelimelere dökerek anlatmak çok zor. Örnek parçaların etüdünden, bunların aynı bütünün kısımları oldukları kesindir. Aynaların parlatılma teknikleri ve parlaklıkları mükemmeldir. Kullanılan malzemenin doğal özellikleri zaten daha ileri bir parlaklığı sağlayamaz. Aynalara konkavlığın verilmesi son derece mükemmeldir. Günümüz modern aynalarının mükemmelliğine çok yakın durumdadırlar."

Konkav bir ayna yöneltildiği objenin ışığını yoğunlaştırmaktan başka onu büyütür de. İşte konkav aynanın bu niteliğinden dolayı W. Herschel 70 cm'lik teleskopuyla 1787 yılında birçok yıldızın gözlemini yapmış, Uranüs'ün iki uydusunu (Titan ve Oberon) keşfetmişti.

Büyük bir olasılıkla konkav aynalar palmiye ağaçlarından yapılmış tüpler içine monte edilmişti. Bu ağaçlar zaman içinde ortadan kaybolup gitmişlerdir.

Babil pillerinin Wilhelm Köning tarafından keşfi ne kadar önemliyse, Mayaların konkav aynalarının varlığına dair deliller de o derece önemli görülmüştür.

V.N. Gercke'nin Ancient Astronaut Society'ye konuyla ilgili olarak gönderdiği mektup şöyledir:

"Yukatan'a yapmış olduğum 13 araştırma gezisi boyunca 2000-3000 yıllık Maya optik teleskoplarıyla karşılaştım. 'İlmenit' denilen mineralden yapılan konkav aynalarından söz ediyorum. Kuşkusuz bunların monte edildiği, ağaçtan tüplerden toz bile kalmamış. Zamanımız arkeologları bunları benden duydukları zaman bana şarlatan diyorlar. Çünkü onların açıklamalarına göre Mayalar cam işleyecek durumda değildiler. Bu nedenle mercek yapamazlar, dolayısıyla teleskopları da olamazdı. Onlar böyle düşünüyor. Onlar bir teleskopu metal bir tüp içine yerleştirilmiş merceklerden oluşmuş bir optik cihaz olarak düşünmektedirler. Hâlbuki ben onlara söyledim; metal tüplü teleskoplar 100 yıldan beri kullanılmaktadır. Ben Yukatan'da bu konkav aynalardan ve onların parçalarından birçoğuna rastladım, literatürde okudum. Fakat o, bu kaynaklarda süs eşyası ve dinsel amaçla kullanılan malzeme olarak sınıflandırılmıştır. Bu durma göre bizim çağdaş(?) arkeologlarımızın yeni bir bakış açısına sahip olmaları için yeni bir öğretimden geçmeleri yerinde olmaz mı?"

Nasa bilim adamlarından matematikçi Maurice Chatelain'e göre, Mayalar Uranüs ve Neptün'den haberdar idiler. Bununla ilgili olarak unutmayalım ki, eski uygarlıklardan (Yunan, Çin, Mısır, Babil) hiçbirisi, bu iki gezegenden söz etmemişlerdir ve biri 1781, öteki 1846 yılında keşfedilmiştir. Bu iki gezegen hakkında herhangi bir şeyin söylenebilmesi için teleskop gibi bir optik cihaz gereklidir. Zira, Uranüs'ün çıplak gözle görülebilmesi için, çok özel ve nadir gözlem şartlarında güçlü gözlerle bakılması gerekir. Neptün'ün ise optik cihazsız, dünya gözüyle görülmesine olanak yoktur. Takvimlerini dakik tutabilmek için, Mayalar iyi astronomlar olmak ya da yetiştirmek zorundaydılar. Kültürel bir varlık olarak Mayalar 3700 yıl dayanmışlardır. Bu uzun dönem içinde Maya astronomisi yavaş yavaş da olsa, devamlı bir yükseklik göstermiştir. Eğer, şimdilik yaygın olarak tahmin edildiği gibi, onların optik cihazlarının bulunmadığını var saymaya devam edersek, takvimlerindeki bu dakiklik modern bilim için bir muamma olmaya devam edecektir.[37]

37 Ancient Skies Dergisi 1987 / Ruh ve Madde 1995,428

MAYALAR'IN İNANCINDA 2012 YILI

Maya kozmogonisine göre, dünyanın geçmişi, 13 Baktun'luk (aşağı yukarı 5125 yıl) devrelerden oluşur ve bunların her birinin bitimi, dünya için radikal değişimler ve büyük yenilikler içerir. İçinde bulunduğumuz devre, Mayalara göre beşinci ve son devredir ve 13.0.0.0.0 tarihinde son bulacaktır. Bizim takvimimize göre sözü edilen bu tarih, 21 Aralık 2012'ye denk gelmektedir. Mayalara göre dönemin bitişini işaretleyen 13 Baktun, yani 13.0.0.0.0 günü belirttiğimiz gibi 2012 yılının 21 Aralık tarihine, yani astronomik anlamda "Kış gündönümüne" (Güneş'in en güneyden, Oğlak Dönencesi hizasından doğduğu, yılın en kısa günü) rastlar.

Maya takviminin 21 Aralık 2012'de bitmesinde ne var diye soruyor olabilirsiniz. Aslında bu tarih tespit edildikten sonra araştırmacılarında kafasına takılan soru buydu. Ve ilk akla gelen de, astronomide bu kadar ileri bir toplumun bu tarihide bir astronomik oluşumla ilişkilendirmiş olma olasılığıydı. Oldukça yaklaşmış bulunduğumuz bu tarihin, astronomi uzmanlarınca yapılmış analizi son derece çarpıcı sonuçlar sergiliyor.

Yıllardır bu konuyla ilgili çalışan Amerikalı araştırmacı John Major Jenkins, 1997 yılında yayımladığı "Maya Evrenbilimi 2012" adlı kitabında, bu konunun bir analizini sunuyor. Jenkins'e göre 21 Aralık 2012'de gökyüzünde oluşan astronomik konumlar, oldukça sıra dışı birleşmelere işaret ediyor. Bunların en önemlisi, gezegenlerin ve Ay'ın üzerinde hareket ettiği, "Ekliptik" olarak adlandırdığımız "tutulum çemberi". Bu tutulum çemberi tam 21 Aralık günü Samanyolu'nun dünyadan görülen sınırıyla kesişiyor. Bu kesişmenin, modern astronomik ölçümlere göre "galaksimizin merkezi" olduğu belirlenen "karanlık nokta"da (karadelik olduğun dair sağlam kanıtlar bulundu) gerçekleşmesi, bu tarihi daha da ilginç kılıyor. Ama daha ilginci, 21 Aralık günü Güneş'in de tam "gündönümü" sırasında bu noktayla aynı hizaya gelmesi. Astronomik deyişle "Gündönümü Güneşi", Ekliptik ile Samanyolu kuşağının "galaksi merkezi" olduğu belirlenen noktayla aynı hizada kesiştiği koordinata yerleşiyor.

Bu birleşim, Mayalara göre "Güneşler" olarak adlandırdıkları devrelerin beşincisinin noktalandığı anı belirlemekte. O tarihe ilişkin beklentilerinin ne olduğunu tam olarak bilmiyoruz. Ama her Güneş'in, yani her dönemin bitişinde olduğu gibi, "5'inci Güneş"in bitiminde de olağanüstü gelişmeler ve büyük bir yenilenme bekleniyordu. Bir "çarpı" işareti şeklindeki bu birleşim, Maya kozmolojisinde "Kutsal Ağaç" ya da "Yaşam

Ağacı" olarak adlandırılıyor. Mayalar, Samanyolu kuşağının göbeğindeki bu esrarengiz siyah alanın, çok önemli olduğunu düşünmüşler. İnsan dahil, bütün yaşam unsurları o noktadan doğuyor ve evrene yayılıyor onlara göre. Popol Vuh'ta da başlangıçta yerle göğün ayrılmasının gerçekleştiği yazıyor. Bu bilgi Eski Mısır'da Geb ile Nut'un, yani yeryüzü ile gökyüzünü birbirlerinden ayrılması kavramını hatırlatıyor... Mayaların bu astronomik görüşlerinin de yine ancak yüzyılımız içerisinde kesinliği saptanmış evrenin Büyük Patlama ile yaratılış teorisi ile uyum içerisinde olduğu görülüyor. 21 Aralık 2012 günü de galaksinin merkezini işaretleyen bu noktadan, dünyadaki bütün yaşamı etkileyecek bir kapının açılacağını düşünüyorlardı. Yaşadıkları dönemden 2500 yıl sonra gerçekleşecek olmasına rağmen, Mayalar bu dönemi heyecanla bekliyorlardı.

Maya düşüncesinde Uzun Sayım döneminin bitimi, aynı zamanda Maya toplumundan ayrılan ancak ilahlaştırdıkları bir insanın geri geleceğine işaret ediyor. Bu insanın fiziksel özellikleri ise, Mayaların tasvirine göre, Mayaların aksine, beyaz tenli, açık renk gözlü, uzun boylu, sakallı elinde de sürekli bir asa taşıyor.

Bu dönemde Mayaların daha hiçbir "beyaz adam" ile karşılaşmamış olduğu düşünüldüğünde, bu tanımlama oldukça ilginç geliyor insana, üstelik sakal Mayalarda hiç olmayan bir şey; çünkü genetik olarak bu ırkın sakalları çıkmıyor!

Bu konudaki benzerlikler, Güney Amerika'ya, And Dağları dolaylarına bakıldığında da fark ediliyor. İnkalar ve Keçua kabilelerinin mitlerinde de açık renk tenli, sakallı, elinde asa taşıyan ilahlaştırılmış bir beyaz insana rastlanmaktadır. Ve yine bu insan bir gün geri geleceği sözünü vererek uzaklaşıp gitmiş. Dilbilimci ve araştırmacı Zecharia Sitchin'e göre, İnkaların ve Mayaların bahsettikleri, aynı kişi.

Maya Tabletlerinde Gerçekleşeceği Yazılı Olan Büyük Tufan

Dünyanın en gizemli uygarlığı Mayalardan geriye, çözümü onlarca yıl süren yazılı tabletler kaldı. Hiçbir iz bırakmadan tarih sahnesinden silinen bu görkemli uygarlığın izlerini araştıran bilim adamı ve tarihçiler, dünyanın geleceğiyle ilgili önemli ipuçlarına ulaştılar. Mayaların kriptoyu andıran tabletlerinde, dünyanın son çağına gireceği ancak bunun büyük bir tufandan sonra olacağı yazılıydı. Mayalara göre dünya bugüne kadar dört çağdan geçti ve her çağın sonunda büyük yıkım yaşandı. Tabletlerdeki Maya takvimi tufanların yaşandığı 4 çağdan sonra, sonu yine tufanla bitecek 5'inci çağın 21'inci yüzyılda başladığına işaret ediyor. Mayaların oluşturduğu takvime bakıldığında da dünyanın yaşayacağı tufan net olarak bellidir.

Mayaların takvimine göre dünya 1 milyon 872 bin günde bir çağ değiştirmektedir. Oldukça karışık olan bu takvim bilim adamlarınca ancak yüz yılda çözülebilmiştir. Çözüldükçe yeni sırları aydınlatan Maya takvimine göre, 2012'de beklenen tufanın Dünya'nın belirli bölgelerini sular altında bırakacağı iddia edilmektedir.

"Beklenen Tufan Yılı" olarak kabul edilen 2012'yi tarihler gösterdiğinde dünyada ne gibi değişimler yaşanacağı merak edilen en önemli konudur. Mayalara göre Dünya'da o gün fiziksel anlamda neler yaşanacak? Tahminlere göre 2000'li yılların ilk çeyreğinde bir zamanlar yaşanan tufanın bir benzeri ile karşılaşılacak. Uzmanlar uzun yıllardır manyetik alandaki bir değişimin büyük doğal afetlere neden olacağına inanıyor. Bunların çoğu, tarihte olageldiği üzere belirli periyodlarda tekrar eden olaylar gibi görünmektedir. Bununla beraber, dünya hiçbir zaman bu kadar yoğun nüfuslu olmamıştı. Bu nedenle böyle bir tufanın insanlık için tahmin edilemeyecek ölçüde hasara neden olabileceği düşünülüyor.

Mayaların kehanetine göre "Beşinci Çağ"ın sonu geldiğinde Dünya tamamen mi yok olacak yoksa bir bölüm mü bu tufandan etkilenecek? Maya takvimine ve bugüne kadar yapılan araştırmalara göre böyle bir tufan gerçekleşirse en çok Amerika ve Avrupa'nın kıyı şeridi etkilenecek. Amerika'nın doğu ve batı sahilleri boyunca uzanan geniş alan Atlantis gibi suların altında yok olacak. Aynı zamanda Avrupa'nın birçok sahil şeridi de bundan büyük ölçüde etkilenecek.

2012 Yılı İnsanlığın Yükselişinin Başlangıcı

Maya Medeniyeti uzun yıllar yeryüzünde varlığını muhafaza edebildi. Tarih sahnesine çıktıkları zaman kendilerinden önceki toplulukların bilgi birikimleri devralmışlar ve bu bilgilerin öneminin farkında olduklarından bin yıllar boyu bunları hem hafızalarında hem yazılı metinlerinde saklamışlardır. Eğer İspanyol kültürel katliamı gerçekleşmemiş olsaydı, muhtemelen bugün bizler de bu bilgilere sahip olacaktık. Mayaların geleceğe ait keskin bilgilerinin temelinde geçmiş bilgilerinin kuvvetli olması yatmaktadır. Çünkü onlar bazı olayların yeryüzünde periyodik olarak tekrar ettiklerini gördüler. Bu gizli bilgiler onların olayların haldeki ve gelecekteki durumunu daha iyi yorumlamalarını sağladı. Öyle mükemmel yorumlamışlardı ki, günümüz bilimsel bulguların onların astronomi bilgileriyle tam anlamıyla örtüşmüş olduğunu görüyoruz.

Maya Kehanetleri'ne göre 21 Aralık 2012 tarihi dünya için çok önemlidir. Çünkü bu dönemde içinde yaşadığımız çağ sona ererek yeni bir çağ başlayacak. Büyük bir tufanla gelecek olan bu yeni çağın ipuçlarını ise bilim adamlarına göre iklimsel değişimler sayesinde şimdiden gözlemleyebiliyoruz. "Beşinci kutupsal kayma" olarak adlandırılan bu değişimde daha önceki değişimlerde olduğu gibi yine kutupların manyetik alanının değişmesiyle meydana geleceğini söyleyen Sınır Ötesi Yayınları'nın Genel Yayın Yönetmeni Ergun Candan, dünyadaki iklimlerin değişimini de buna bağlıyor. Candan, "Kutuplar yer veya açı değiştirdiğinde kutuplarda buzlar eriyor. Kaldı ki, küresel ısınma sonucu şu anda Kuzey Kutbu'ndaki buzullar zaten erimeye başlamış durumda. Mayalara göre de daha önce yaşanan dört çağ tıpkı bu şekilde sona erdi" diyor.[38]

Mayalar gelecekte tüm insanlığı etkileyecek trajediyi bizlere şifreli bir şekilde duyurmuşlardır. Bu şifreye göre dünya için 2012 yılı çok önemli.

Maya rahiplerinin kehanetlerine göre 1.872.000 sayısı büyük öneme sahip bir sayı. Çünkü dünyanın döngüsü bu sayıya ulaştığında, dünya büyük bir yıkım yaşayacak. O zaman 1.872.000 yıl sayısı bir geri sayım mı? 2012 son mu, başlangıç mı?

38 Sabah Gazetesi 07/05/2005, 2012 Son mu Başlangıç mı?

Mayalar 2012 için 'zamanların sonu' diyor; ancak bu yok oluş anlamında değil fiziksel bir değişim anlamında kullanılmış. İnsanoğlunun dört kez gerilediğini ve artık değişim zamanı geldiğini işaret ediyor. Bu fiziksel değişimlerle birlikte ruhsal değişimler de birbirleriyle orantılı devam edecek. Zaten dünya tarihinden de gördüğümüz üzere her zaman büyük fiziksel değişimlerle birlikte insanlık ruhsal değişimler yaşamıştır. Mayalara göre 4'üncü Güneş dönemine kadar insanlar aşağıya inişi yaşadılar. Birincisinde biraz daha kabalaştılar ikincisinde biraz daha, üçüncüsünde biraz daha... Dördüncünün sonunda tam anlamıyla dibe vurdular. Bu yüzden 2012'yi Mayalar insanlığın yeniden yukarı çıkış yaşayacağı bir çağ olarak tanımlıyor. Mayalara göre, 2012 yılı insanlığın yükselişinin başlangıcı olacak.

İlahi dinlerde bu olay Altın Çağ olarak bilinmektedir. Aşağıya inen insanlığın tekrar yukarı çıkışının ilk basamağının 2012 olacağını söylüyor Mayalar. Mayaların bu özel güne ilişkin öngörüleri, efsaneleri veya kehanetleri gerçekten çarpıcıdır;

"Zamanın ve uzayın kalbindeki kapı açılacak!
Evren yeniden doğacak, yeniden yaratılacak!
Döngünün sıfır noktasına erişeceğiz, toplu ruhsal doğuş anı!
Bizim basit doğamız ters yüz olacak!"

Hata Payı Var mı?

21 Aralık 2012 tarihi konusunda hiç şüphe yok mu? Mayaların yakın geleceğimize ilişkin kehanetleri tüm ezoterik bilgilerle örtüşmektedir. Konusu yeryüzünün büyük bir tufanın

etkisi altında kalması olan *The Day After Tomorrow* (Yarından Sonra) filmi gösterime girdiği günden itibaren çok konuşuldu. Son zamanlardaki belirtiler de acaba "film gerçek mi olacak?" dedirtiyor. Mayaların verdiği tarihin önemi çok büyüktür. Ancak bu tarihlemede iki yıllık bir hata payı bulunabileceği de göz ardı edilmemelidir. Bunun sebebi Maya Takvimi'nin bizim kullandığımız Gregoryen Takvimi'ne çevrilişinde M.Ö. 1'den M.S. 1'e geçilmiş olmasıdır. Aradaki 0 atlanmıştır. Yaptığı araştırmada astrofizikçi Maurice Coterell de bu konuya dikkatleri çekmiştir.

Bugüne kadar Mayaların hangi kehanetleri yerini buldu? Şu anda bilimsel olarak ispat edilen dünyanın dört kez kutup değişimi geçirdiği. Bugün bu durum ispatlanmış durumda. Günümüz insanları bunu yeni keşfetse de Mayalar bunun farkındaydılar. Bu tek başına Mayaların anlattıklarının gerçekliği konusunda önemli bir delil niteliği taşımaktadır.

MAYALAR NASIL YÖNETİLİRDİ?

Mayalar site şeklinde kaldıklarından devletleşme alanında bir eksiklik görülür. Genel itibariyle Yunan sitelerine benzerler. Maya uygarlığı bir kent uygarlığıydı, rahipler ve soylular tarafından yönetilen kent devletleri kurmuşlardı.

Yucatan Yarımadası'nda da siteler halinde örgütlenen Mayalar kentlerde oturuyorlardı. Kent nüfusları 50.000-200.000 arasındaydı. Kentler kültür ve düşünce hayatının canlı olduğu yerlerdi. Kentlerde yönetim babadan oğula geçerdi ve aşamalıydı. Bir başka deyişle hiyerarşi düzeni egemendi. Yalnızca askeri başkan üç yıl için seçilebilirdi. Her kentte "Halac Vinic"-"gerçek adam" adı verilen yöneticiler olurdu. Bu kişilerin belirlenmesinde de saltanat sistemi hakim olurdu. Yönetimin başındaki kişi dini, askeri ve mülki tüm yetkilere sahipti. Halac Vinic'in bir başka görevi ise sitedeki kasaba ve köylerin "Batab" adı verilen yöneticilerini aristokratların arasından seçmekti. Askerlerin yönetilmesi, kadı görevi ve yerel kurula başkanlık etme görevi Batab'a aitti. Sitelerde adaletin sağlanması, vergilerin toplanıp "Halac Vinic"e ödenmesi de onun sorumluluğundaydı. Ayrıca zirai üretimin kontrolü de Batab'daydı. "Ahkin" adı verilen rahiplerin büyük yetkisi vardı. Rahipler her yıl hasat toplandıktan sonra tarlaların yakılıp, yeniden ekime hazırlanması için bir tarih belirlerlerdi. Rahiplerin bu kararını uygulatıp, denetlemesi de Batab'ın görevleri arasındaydı. Kahinler, halka daha yakındılar.

M.Ö. 300 yıllarında Mayalar, en üst noktasında krallar ve soyluların bulunduğu hiyerarşik bir yönetim sistemini uygulamaya soktular. M.S. 200-900 arasındaki klasik dönemde bu uygarlık, bir bütün olarak planlanmış krallıklara çevrildi. Bir zamanlar mütevazı köy çiftçileri olan Mayalar tropik ülkelerini güçlü lordlar tarafından yönetilen site-devletlere dönüştürmüşlerdi.

Milâttan önceki son birkaç yüzyılla milâttan sonra 900 yılı arasında Maya Uygarlığı, Meksika'nın güney ovaları ile Guatemala ve Honduras'ta gelişmişti. Copan, Palenque ve Tikal gibi saldırgan site-devletler büyük hanedanların yönetimindeydi. Hüküm sürenler; yöneticiler, şamanlar, atalar ve ilahlar olarak toplumu idare ediyorlardı. Bu insanlar kendilerini, Dünya Ağaçları, yani insanların manevi dünya ile iletişim kurabilecekleri araçlar olarak tanımlıyorlardı.

Mayalar orta sınıf bir toplumdu. Mezar kazıları, yaşam tarzlarının, bilimsel yönleri kadar gelişmediğini göstermiştir. Kimyasal toprak araştırmaları, iskelet incelemeleri bize onların hastalıkları, tarım yöntemleri hatta iklim koşullarına kadar birçok konu hakkında bilgi vermektedir.

Mayalarda toplumsal sınırların ayrımı, diğer uygarlıklarla kıyaslanmayacak derecede katıydı. Yöneticilerin ve çevrelerindeki asillerin altında göreli olarak daha küçük bir uzman zanaatkar grubu bulunmaktaydı. Bunlardan sonra da kalabalık bir sıradan çiftçiler grubu geliyordu. Bu sosyal yapıyı kentlerin yapılanma şeklinden anlamak mümkündür. Arkeologların yaptıkları kazı çalışmalarında genellikle kent merkezlerinde tapınaklar, piramitler ve rahipler ile soyluların sarayları ortaya çıkarılmıştır. Köylüler, taş yapılardan oluşan kentte oturmaz, daha çok doğal göllerin ya da sulama yapmaya elverişli sarnıçların bulunduğu köylerde yaşarlardı. Bu köyler genellikle nüfusun çoğunluğunu barındırmaktaydı.[39] Kulübelerini, ağaç dalları veya tahta kullanarak derme çatma bir biçimde yaparlardı. Yaşam kalitesi açısından arada uçurum denilebilecek bir seviye farkı vardı. Bu yapılanma şekli, Mayaların toplumu tabakalara ayırdığına dair güçlü bir delil teşkil etmektedir. Bir yanda az sayıda efendi ve diğer yanda geniş çaplı bir halk kitlesi vardı.

Her şeyin en yüksek otoritesi dini ve sivil gücü birleştirmek zorunda olan biriydi. Bu yönetici, piramitler dönemi Mısır'ındaki firavunlar gibi askeri ve pagan dini liderleriydi. Bu süper şef, toprak altındaki Palenque'deki gömülü kitabelerde gösterilen "yönetici" gibi yarı insan, yarı ilah saygısı görürdü. Kral, muhteşem saraylarda yaşayan yönetim görevlileri tarafından kuşatılmış gibiydi. Bu seçkin yöneticiler kendilerini şehrin yönetimine ve dini takvim ile ayinlerin yapılması için bilgilerini genişletmeye adamışlardı. Bilimsel ve sanatsal lite-

39 Gelişim Alfabetik Gençlik Ansiklopedisi 7, Gelişim Yayınları, 1771, 1772

ratürleri ve bilgileri son derece ileriydi. Hayatın ve toplumun devam etmesini sağlayan güç, bilim ve dindeki kalıtsal soyluluğa dayanmaktaydı. Yaşayışlarını bir düzen içerisinde tutmak ve gerilemeyi önlemek için zorunlu pagan dini yasaları katı bir biçimde uygulanıyordu.

Mayaların pagan inanışına göre tören alanları inşa etmek bir ibadetti. Bu inanışa göre yağmurun yağması, ürün alınması ve hayatın devamı için putlara adak adamak gerekirdi. Bu nedenle de tören merkezlerinde tapınaklar inşa etmişlerdi. Kentin merkezindeki bu binalarda soylular ve rahipler yaşarlardı. Halk da pagan inancına bağlı olarak bunlara olağanüstü saygı gösterir, yoksulluk çekmemek için onlara hizmet ederlerdi.

Bir Maya Lordu, bir hükümdardan çok daha fazla bir şeydi. Ailesine ve küçüklü büyüklü topluluklara krallık kutsal bağıyla ve onların atalarına da soy bağlarıyla bağlıydı. Mayaların benimsedikleri bu krallık türü, çevre koşulları göze alındığında da sürdürülemez olan bir tarımsal ekonomiye dayanıyordu.

Köylülerin görevi mısır tarımı yapmaktı. Elde ettikleri ürünün üçte birini soylulara, üçte birini de din adamlarına verirlerdi. Kalan üçte birini ise aileleri için kullanırlardı. Belli bir yöntem izlenerek yapılan mısır tarımı için köylüye yılda kırk sekiz işgünü yetiyordu. Yılın kalan diğer günlerinde de köylülerin emekleri farklı alanlarda değerlendiriliyordu. Bilimsel ve dini amaçlı binalar inşa etmekten, taşlara kabartma ve heykeller yontmaya kadar pek çok işi yaparlardı.

Mayalar özellikle mısır tarımı üzerinde duruyorlardı. Çünkü mısırı ekilir-biçilir tarımsal bir kaynak haline getirmişlerdir. Mayaların temel besin ürünü mısır, tüm kentlerin başlıca besin kaynağıydı. Maya kültürü mısıra dayanıyordu ve bir anlamda onunla yaşıyordu. Örneğin yapılar, mısır tarımı yapılmak için ormanların açıldığı arazilere inşa ediliyordu. Önce tarım yapılıyor, sonra toprak verimsizleşince buralara kentler kuruluyordu.

Pagan Dine Bağlı Yaşayış

Uzmanlar yıllarca Mayaların barışsever bir halk olduğuna inanmışlarsa da son yıllarda elde edilen bilgiler Mayaların savaşçı bir halk olduğunu, savaş tutsaklarını işkenceyle öldürdüklerini, dinsel törenlerde de çok kan döktüklerini ortaya koydu. Eski Maya toplumunda politik ve dini olaylar, korkunç kan dökme ayinlerinin nedeniydi.

Mayaların toplumsal yaşamı, aynı dönemlerde yaşayan kavimlerden teknik açıdan ileri ancak pagan dinin etkisiyle çok vahşi bir ahlak sistemi etkisi altındaydı. Baştaki din adamı yöneticiler aynı zamanda bilgindi, yazardı, matematik, astronomi, takvim araştırmalarını yöneten kişilerdi. Böylelikle tüm yaşantısı tarıma dayanan topluma, mevsimler, iklim, doğa, ne zaman ne ekilmesi gerektiği, yapıların nerede ne zaman kurulması gerektiği gibi konularda detaylı bilgiler verir, toplumu yönlendirirlerdi. Bir çeşit feodal yönetim egemendi. Her yörenin başkanı, en büyük din adamına kendi yöresiyle ilgili bilgi verir, öneri alırdı.

Mayalar dünyayı pagan dini ilahı Hunab Ku'nun yarattığına inanıyorlardı. Daha önce birkaç dünya varken bunların her biri de bir tufan sonucu ortadan kalkmıştı. Tufanın nedeni de insanların işledikleri günahlardı. Mayalar daima kendi dünyalarının da sona ereceği korkusu içinde yaşıyorlardı. İnsanın ölümsüz bir ruhu olduğundan emindiler. İnsan hayatıysa iyi güçlerle kötü güçler arasındaki sonsuz bir savaştan ibaretti. Gelecekteki dünyada da hem iyi bir yer vardı, hem de kötü. Yani bir cennet ve bir de cehennem. Bu bölgede Kolomb öncesi bütün dinler, ölümden sonra da bir yaşamın olduğunu ve öleni, ölüm haline bağlı olarak farklı bir kaderin beklediğini kabul etmişlerdi.[40]

Herodot, Mısırlıların, "hiçbir ırkın olmadığı kadar aşırı derecede kendi putperest dinlerine bağlı" olduklarını söyler. Eski Mayalar da öyleydi ve günümüzdeki yaşayan nesilleri de aynı şekildedir.

Mayalar, her yerde tezahür etmiş olarak gördükleri "Ruh"a inanıyorlardı. Ona KU, "evrensel" HUNAB, diyorlardı ki O LAHUN'du, yani "Birdeki Bütün-Her şeyi içeren Bir" di ve yaratılmış her şey onun iradesiyle, UOL'la yaratılmıştı. Bu bilinemez, incelemeye tabi tutulamaz ruhu herhangi bir kavrama sığdıramadıkları için, ona ait bir imge de tasarlayamamışlardı. Ne başlangıcı ne de sonu olmayan dairenin yapısı itibarıyla birliği ifade eden en iyi şekil olduğunu keşfettikleri için, ebedi tek varlığı bir daire olarak şekillendirdiler ve buna da UOL dediler.

Dünya, iyi ile kötünün, iyi putlarla kötü putların savaştığı bir yerdi. İyiler ışık, gök gürültüsü, yağmur, mısır ve bolluk getirirken, kötüler savaşa, fırtınalara, açlığa ve sefalete yol açmaktaydı.

Cennet ve cehennem inanışı Mayaların dinsel inançlarında da vardı. Cennet ebedi mutluluk yeriydi. Cehennemde ise şeytanlar günahkarlara, açlık, yorgunluk ve acı çektirerek işkence yapacaklardı ve bu azap yine sonsuz süreli olacaktı.

40 Thema Larousse Tematik Ansiklopedi, İnsan ve Tarih, 1. cilt, 489

Bir Maya totemi

Mayalar totem yapımında ileri seviyede bir heykelcilik örneği ortaya koyuyorlardı.

Savaş, Onların Yaşamıydı

Mayalar kimdi? İnanılmaz büyüklükteki piramitleri Amerika'nın ortasına inşa eden ve sonra birdenbire terk edip kaybolan bu insanlar kimlerdi? Neden o garip putperest dininin kurallarına inanıyorlardı? Bu sorular bugüne kadar sayısız bilim adamının zihnini kurcaladı. 150 yıl geçtikten sonra Mayalar daha anlaşılır olmaya başladılar. Artık, Mayaların dönemlerinin en gelişmiş yazı sistemini bulduklarını, matematikle ilgilendiklerini, astrolojik takvimler oluşturduklarını ve piramitler inşa ettiklerini biliyoruz. Bugüne örnek olacak mimari örnekler bulundu, inşaatlarını, yağmur ormanlarına zarar vermeden belli zamanlarda yapıyorlardı. Mayalar doğallığın bozulmaması için bize iyi bir ders vermişlerdir. Güney Belize'nin orman kaplı dağlarında; yeni bulunan dört Maya kenti gösteriyor ki; Mayalar buralarda yaşamaktan kaçınmışlardı; işte buraları 900'lü yıllarda yok olan Mayaların toplumsal yaşamları hakkında henüz çözülememiş birçok soruya ışık tutacaklardı. "National Geographic" yazarlarından arkeolog George Stuart; "Her sabah uyandığında Mayalar hakkında ne kadar az şey bildiğimizi düşünüyorum, bu tropik iklimde nasıl yaşadıklarının %1'ini ancak biliyoruz" diyordu. Kısıtlı imkanlara rağmen, arkeologlar, sanat tarihçileri, yazıt uzmanları, antropologlar, coğrafyacılar ve dil uzmanları yıllardır Mayaların peşinde. Tennessee Üniversitesi arkeologlarından Arthur Demarest son 4 yıldır Kuzey Guatemala'da Maya kenti Dös Pilas'i inceliyor. Demarest'e göre ormanın içinde kayıp kentler var; buralarda çözümlenemeyen yazıtlar bulunuyor ve bu yazıtlar Mayaların ani yok olusunu açıklayabilir. Ortaya çıkan bilgi patlaması, şiddetli tartışmalar yarattı. Kimin kuramının doğru olduğu tartışılıyor. Yine de uzmanlar bir görüş üzerinde fikir birliğine vardılar; savaş, Maya halkının oluşmasında ve yaşamında kilit noktaydı.

Putlara Sunulan Kurbanlar Ve Yapılan Ayinler

1900'lerde hemen hemen tümüyle çözülen Maya hiyerogliflerinde genellikle hanedanların tarihi ve kentler arasındaki savaşlar anlatılır. Bu hiyerogliflerden, işkence ve insan kurban etmenin ayinlerde önemli yer tuttuğu anlaşılır. İlahlara insan kurban etme geleneği, klasik sonrası dönemin sonlarına doğru ortaya çıkmıştır.

Maya inanışına göre dindarlığın ifadesi olan bu uygulamalar bereketi güvence altına alıyor ve ilahların gazabını yatıştırıyordu. Bu dini gerekler yerine getirilmezse evrende düzensizlik ve kargaşa baş gösteriyordu. Bu nedenle özellikle savaş esirlerinin işkenceye uğradığı, sakat bırakıldığı ve kurban edildiği anlaşılıyor. Ayrıca insan kanının ilahları besleyeceği ve onlarla ilişki kurmak için kan dökülmesi gerektiği yolundaki inançtan dolayı Maya kralları, halkları ile ilahlar arasındaki aracılar olarak, ayinlerde kendi kanlarını akıtmış ve kendi kendilerine işkence etmişlerdir.

Mayalar spordan dine kadar her konuda işkence ve kurban törenleri düzenliyorlardı. Meksikalı Antropolog Carlos Navarette bu konuyla ilgili olarak "Bu, Maya Uygarlığı ile ilgilenenleri şok edecek bir iddiadır." yorumunda bulunuyor.

Bir Maya Ayini Tasfiri

Guetamala ormanlarındaki kan kırmızı renkteki piramidin önünde, büyük bir kalabalık saatlerdir ayakta bekliyordu. Kimse kıpırdamıyordu; tüm gözler, piramidin doruğundaki ataların bilgileriyle dolu süslü kafatasındaydı. Kalabalık kralın hareketlerini göremiyor fakat dinsel bir ayin olduğunu anlayabiliyordu. Kral yanardağda oluşan keskin taşları alıp bedenini delecek ve sonra yaranın üstünü bir iple bağlayıp; kanın ağaç kabuğundan yapılmış kaba akmasını sağlayacaktı. Daha sonra bunu alıp, bir ateş yakacak, bu ateşten yükselen duman aracılığıyla iblisle konuşacaktı. Ve Kral, ortaya çıktı, peştamalının altından kanlı elini göstererek, atalarının mesajını daha öncelerde de olduğu gibi yine haykırdı; "Savaş için hazırlanın". Kalabalık, neşe içinde tekrarladı. Artık kan dökme zamanı başlamıştı.

Bu anlatılan benzeri pagan ayinleri Mayalarda sürekli tekrarlanıyordu.

Mayaların Su Mezarları

Mağara dalgıcı olan Luis Fernando Martinez, Yucatan'da bir obrukta (ovadaki yeraltı sularının aşındırdığı toprak katmanının veya mağara tavanlarının çökmesiyle oluşan kuyu görüntüsü veren derin çukurlarlardır) Mayalarla ilgili araştırmalar yapıyordu. Obrukların çoğu, gölcükler ve yeraltı ırmakları 65 milyon yıl önce düşen bir göktaşının etki alanı içerisinde oluşmuştu. Bir su altı çölü gibi görünen bu yerde, obruğun bir bölümü şimdi sualtında olmasına karşın, buzul çağında su seviyesi düştüğünde kupkuru kalmıştı.

Meksikalı sualtı arkeologları, insan elinden çıkma nesneleri ve molozları incelemek için dalışlar düzenlediler. ABD belgesel ekibinin bir üyesi de 20 m'lik bir kuyudan obruğa indi. Bu alan, kırsal kesim Mayaların ayinlerinde gerçekleşen ölümlere ilişkin kanıtlar sunuyordu. Bulunan iskeletler, kendi pagan inançlarına göre kutsal cenaze merasimlerine ve insan kurban etme kültüne dair fiziksel delillerdendi.

Meksikalı sualtı arkeologu Gonzalez, Yucatan Yarımadası'nın dikenli ormanındaki eski bir taş kuyunun 20 metre altında saklı bir düdenin dibine bu araştırma için dalmıştı. Gonzalez yüzeye bir kap ile çıktı ve kabı araştırma projesinin yönetmenlerinden biri olan genç arkeolog Carmen Rojas'a teslim etti. Kapağı açtılar. İçinde bulunan kafatasını yavaşça çıkarıp özenle ellerine aldılar. Kafatası yüzlerce yıllıktı. Kafatasının sahibi kişi öldüğünde 25 yaşlarında olmalıydı. Mayalarda adet olduğu üzere bebekken yumuşak kafatası biçim vermek için tahta levhalarla bağlanıp sıkıştırılmış olduğundan, alnı göz çukurlarından geriye doğru belirgin biçimde meyilliydi. Yaşamı vahşi bir şekilde son bulmuştu; kafatasında kesikler vardı, bıçakla yarılmış gibiydi. Kesik izleri yakından incelendiğinde derisinin muhtemelen yüzülmüş olduğu ortaya çıktı. Ve yine muhtemelen Mayaların putlarına kurban edilmişti.

Bilimsel ve kültürel açıdan yarar sağlayacak tüm obrukları kayda geçirmek amacıyla altı yıldır sürdürülen bir araştırmanın parçası olan bu keşif gezisi, zaman kaybetmeden harekete geçme duygusuyla tetiklenmişti. Son yıllarda hem Yucatan Eyaleti'nin hem de komşu Quintana Roo Eyaleti'nin sınırları içindeki Yucatan Yarımadası'nın gözenekli kireçtaşı zeminini bir anlamda kalbura çeviren obruklar ve sualtı mağaraları araştırılmakta, keşfedilmekteydi; zaman zaman spor amaçlı dalan ve sayıları her geçen gün artan dalgıçlar buralara zarar vermekte ya da buraları yağmalamaktaydı. Obruklara yılda 10.000 kadar amatör dalgıç giriyordu. INAH (Meksika Ulusal Antropoloji ve Tarih Enstitüsü) arkeologları daha fazla hasar oluşmadan mümkün olduğunca çok obruğu belgelemek için bu dalgıçlarla işbirliği yaptılar.

INAH sualtı arkeolojisi bölümünün yöneticisi Pilar Luna, "Ne zaman bir dalgıç oradan bir şey alsa, yapbozun bir parçasını kaybediyoruz." diyor. Arkeologlar, obrukları sistematik bir biçimde araştırmaya yönelik mağara dalışları için gereken becerileri son beş yıl içinde edindi. "Sonunda suya girdik" diyordu Luna. INAH ekibi bir plantasyonun yıkıntıları arasında kamp kurdu. Ekip, obrukları yeraltı dünyasına açılan kutsal girişler olarak gören eski Mayalarla ilgili olduğu, kadar yarımadanın tarih öncesine ve Maya öncesi zamanlarına ilişkin ipuçları sunan oluşumların jeolojisi ve fosil bulgularıyla ilgili daha fazla bilgi edinmeyi de umuyordu. Ekibin yeni bulgulara ulaşması fazla uzun sürmedi; yarımada üzerinde şimdiye dek kayıtlara geçmiş en eski insan yerleşimine işaret eden karbon tarihlemesi yapılmış 10.200 yıllık bir ateşin külüydü bu. Farklı alanlardan uzmanların oluşturduğu ekip bilimsel makaleler, bir kitap ve gezici sergi için bu alandaki buluntulardan yararlanmayı umuyordu. Buradan ayrıldıklarında yerli halkı, arkeolojik alanları korumaları için daha donanımlı bir halde bırakmayı da amaçlıyorlardı.

Karmaşık mimari ve sanat eserleri üretmenin yanı sıra matematik ve astronomide Arap ve Hint dünyalarıyla rekabet eden Maya Uygarlığı M.Ö. 600 dolaylarından itibaren yükselişe geçmişti. Milâttan, kent devletlerinin çoğunun siyasi kargaşalar sonucunda çöktüğü M.S. 900'e dek, günümüzde Orta Amerika ve Meksika sınırları içinde kalan geniş bir alana hükmettiler.

Kuraklık, savaş ya da başka tehditler ortaya çıktığında, Mayalar özel birtakım ayinler düzenler; vatoz iğneleriyle deldikleri dillerinden ve kulak memelerinden akan kanı parşömen üzerine toplayıp, ardından bunları sunu olarak yakarlardı. Arada bir üst düzey bir keşiş bir kurbanın hala atmakta olan kalbini yerinden söküp alırdı. Bulunan insan kalıntılarında yüreklerinin söküldüğü açıktı; çünkü kaburga kemikleri içerden dışarıya doğru kırılmıştı. Kaza esnalarında kırılma gerçekleşmiş olsaydı bu kemikler dışarıdan içeriye doğru kırılmış olurdu.

İspanyol kaynaklarında, Mayaların pagan dini ilahlarına kurban olarak sunulduklarında ölmeyeceklerine inanılarak, insanların belli başlı Maya kentlerinden getirtilip, Chichén Itzá'daki kutsal obruğa nasıl diri diri atıldıkları anlatılır. Bu kurbanların hiçbiri bir daha görülmüyor olmasına rağmen, bu inancı devam ettiriyorlardı. Obrukların kaygan kireçtaşı duvarları kurban edilen insanları korkutacak görünümdeydi. Bu obruklara dalış gerçekleştirenlerden biyolog Tom Iliffe burası hakkında "Orası ayın karanlık yüzü gibi. Aşağılarda neler olduğu bilinmiyor." yorumunu yapıyordu.

Iliffe on beş metre derinlikte kireçtaşı parçalarının oluşturduğu yığınlar arasında, kumun içinde maun renginde bir iskelet buldu. Birkaç gün sonra INAH'tan bilim adamları iskeleti yukarı çıkardı. Yucatan'da su altında ilk kez kemiklerinin tamamı el değmemiş olarak yerli yerinde duran böyle bir iskelet bulunuyordu. İskelet, belki de 50 yaşında –Mayaların ortalama ömrünü hayli geçmiş- iri yarı bir erkeğe aitti. Kemikler incelendikten sonra, bu insanın yaşarken sağlık durumunun kötü olduğu anlaşıldı. Bu kişinin ellerini zar zor bükebildiği ağır bir eklem iltihabı varmış, dişlerinden de sorunluymuş ve muhtemelen yiyecekleri çiğnerken çok zorlanıyormuş. Bu iskelet bir ayin kurbanı değildi; çünkü bu iskeletle beraber yanyana başka sekiz tane daha iskelet bulunuyordu; ancak sekizi muhtemelen ayinlerde kurban edildiklerinden, parçalanmış haldeydiler. Bu hasta kişi oraya kazayla düşmüş olmalıydı.

Günümüzde bu bölgede yaşayan yöre halkı bu obruğu sadece içinde su olan bir çukurdan ibaret görüyorlardı. Ancak yeni neslin bir kuşak önceki atalarında hala Maya Uygarlığı'nın pagan dini geleneklerini benimseyenler var ve bu obruğa on beş genç kız atılması gerektiğini, böylece aşağıda bulunduğunu düşündükleri altının yukarı taşınması için ilahlarının bir yol açacağını söylüyorlar.

Sayısız arkeoloğun da aralarında olduğu pek çok insan 1960'lara dek, yaşamları obruklarda son bulan insanların yalnızca genç kızlar olduğunu düşünüyorlardı. Araştırma projesinin bilgi işlem biriminden sorumlu sualtı arkeoloğu Carmen Rojas, "Sonradan buraya atılanların sadece genç kızlar olmadığını öğrendik." yorumunda bulunmuştur. Bunun en dikkate değer kanıtına Wes Skiles'in yaptığı bir bulguyla ulaşıldı; sonradan anlaşıldığı üzere keşif gezisinin en önemli buluntularından biriydi bu. Suyun sadece iki buçuk metre altındaki küçük gizli bir nişte, dizleri yukarıya kıvrılıp sırtüstü yatırılarak cenaze pozisyonu verilmiş tam bir iskelet bulundu. İskeletin önünde, birinin içinde bir köpek kafatası olan üç seramik sunu kabı duruyordu. Bir kuşun kemikleri yakındaki balçığın içine gömülüydü. Mayalar bu iki hayvanın da doğaüstü güçlere sahip olduğunu düşünür ve hayvanların fiziksel özelliklerini sanat eserlerinde ve efsanelerinde sık sık harmanlardı. Tıpkı Azteklerde olduğu gibi Mayalar açısından da bu hayvanlar ölümün güçlü bir simgesiydiler. Rojas bu kalıntıların, ölüyü yüzerek ya da kayıkla getiren insanlar tarafından su seviyesi daha düşükken orada bırakılmış olması gerektiğini belirtmiştir; "Bulduğumuz tüm iskeletlerin durumu, bize Mayaların ölülerini en az iki yolla obruklara bıraktığını gösteriyor." demektedir. "Bazı ölüler özenle bırakılırken, bazıları öylece suya atılmış."[41]

Arkeologlar Mayalardan kalma bu iskelet kalıntılarını yüzeye çıkarırken acaba hala Maya pagan dini etkisinde olanlar, bu durumu atalarının yuvaya dönüşü olarak yorumlarlar mı?

Mayaların Kesik Başla Top Oyunu

Maya topraklarında çok sayıda top oyunu alanı vardı. (Orta Amerika'da 350 tane) bu top oyunu, dinsel bir tören niteliği taşırdı ve güneşin ardından koşma, oyunun temelini oluştururdu. Top, Güneş'i temsil ederdi. Elleri kullanmadan ağır kauçuk topu hareket halinde tutmaya çalışırlardı. Beş metre yüksekliğe bir halka asılır, dört oyuncu da dizleriyle vurdukları topu bu halkanın içinden geçirmeye çalışırdı.[42]

---

41 National Geographic Türkiye Ekim 2003 PRIT J. VESILIND
42 Gelişim Alfabetik Gençlik Ansiklopedisi 7, Gelişim Yayınları, 1773

Mayaların top oyunları hem eğlence hem de dinsel törenler içindi. Seyirciler, sonuçlar üzerinde bahis oynarlardı. Güneş'in veya Ay'ın sembolü olan bu top hep havada kalmalıydı. Topu düşüren kaybediyordu ama yalnızca oyunu değil, yaşamını da... Oyunun finaliyle birlikte kimlerin kurban edileceği belirlenmiş oluyordu. Galipler, kaybedenlerin başlarını kesip top olarak kullanıyorlardı ya da öldürüp vücutlarını piramitlerden aşağıya sallandırıyorlardı.

Dine Bağlı Günlük Yaşam

Arkeologlar, Mayaların gerçekten farklı bir toplum olduğunu, onların günlük yaşamlarından da çıkarıyorlar. Mezarlarda bulunanlar, gömütler, alelade evlerin mimarisi ve bulunan duvar resimleri; ortalama bir Maya gününün nasıl geçtiğini bizlere gösteriyordu. 'Elli yedi' kişiden oluşan tipik bir Maya ailesi kahvaltıda sıcak çikolata, yeterince zengin değillerse haşlanmış mısır ve şeker kamışı yiyorlardı ve "atole" denilen bir içecek içiyorlardı. Genelde evler tek odalı ve çamur sıvalıydı. Büyük olasılıkla gün içinde mısır, bezelye, tavşan ve hindi diğer yiyecekleri arasındaydı. Hasat mevsimi erkekler tarlalarda çalışırken, kadınlar evde yemek pişiriyorlardı. Günün sonunda tüm aile evde toplanıyor ve evin reisi küçük bir pagan dini ayiniyle atalara dua ediyordu. Zamanlarını sadece tarımla geçirmiyorlar, piramitler ve tapınaklar inşa ediyorlardı. Genelde düğün törenlerine kutlamalara, astrolojik ve takvimsel çalışmalara katılıyorlardı. Böyle zamanlarda kral kurbanlar kesiliyor ve top oyunları düzenliyordu. Kaybedenler piramide asılıyor ya da kurban ediliyordu. Çiftçiler bu günler için yemek hazırlayıp, masalar açıyorlardı.

Yale Üniversitesi antropologu Michael Coe "Mayalar" adlı kitabında; "Aileler çocuklarının burunlarına onların gücünü artırıcı süsler takarlardı" diye yazıyor. Mayalar aynı zamanda bebeklerin iskeletlerine şekil vermek amacıyla onları sararlar ve koni şeklinde bir şapka takarlardı. Belki de günümüzün beşik ve kundak alışkanlığı onlardan miras kalmıştır. Bazı araştırmacılar, Mayalara özgü kafataslarının bu alışkanlığın bir sonucu olduğunu ileri sürüyorlar. Mayalar dişlerini bazen "T" seklinde bazen de delerek doldururlardı (anestezi yapıp yapmadıkları kesin değil). Dişlerini çoğunlukla değerli taşlarla en çok da yeşimle kaplarlardı. Coe'ya göre; genç erkekler evlenene kadar kendilerini siyaha boyuyorlar daha sonra ise değişik dövmelerle süsleniyorlardı. Bu bilgiler sadece bulunan nesnelerden değil, geride bıraktıkları hiyerogliflerden de öğrenilmiştir.

Günümüz Maya Dini

Günümüz Maya dini, eski inanç ve âdetlerin çoğunluğunu koruyup Katolikliğin öğeleriyle birleştirmiştir. Artık eski pagan dinlerinin ilahlarını anmıyor olsalar da yıl boyunca atalarının ve azizlerinin anıldığı törenler düzenlerler. Dağlık bölgelerdeki topluluklarda hala "anma günlerinin takipçileri"ne, yani 260 günlük takvimi tutan ve yılın o zamanının anlam ve önemine ilişkin titizlikle hazırlanmış ayinler gerçekleştiren Şamanlara rastlanmaktadır.

HALA YAŞAYAN MAYA DİLİ

Maya dili ölü bir dil değildir. Günümüzde halen yaklaşık iki milyon kişi tarafından konuşulan bu dil, eski Mısır dili ve modern Japonca'da olduğu gibi kelimeleri ve fikirleri belirten ideogramların ve sesleri belirten fonetik sembollerin bir karışımından oluşmuştur. Dil uzmanlarının yoğun uğraşlarına rağmen günümüzde halen bu dilin dörtte biri çözülebilmiştir. Hiyerogliflerin çözülen kısmıyla Mayaların tarihi konusunda daha kesin bilgiye sahip olduk. Örneğin hiyeroglifler okunmadan önce Mayaların barışçı bir toplum olduklarına inanılması gibi. Ancak yazıtlardaki dil çözülünce Mayaların savaşları ve pagan inançlarına uygun olarak insan kurban ettikleri hakkında geniş bilgi sahibi olundu.

Yazılarında gelişmiş hiyeroglifler kullanan Mayaların yazısının anahtarı henüz çözülememiştir. Yazı elemanları, sesleri ya da herhangi bir şekli değil, düşünceyi ifade etmektedir. Sadece takvim hiyeroglifleri eksiksiz olarak okunabilmiştir. Mayalar yaklaşık 800 hiyeroglif işaret kullanmışlardır. Bunların çoğu henüz çözülemedi.[43] Bunların içinde gün, ay isimleri, rakamlar, dini ifadeler, renkler ve pusula yönleri okunabilmiştir.

Mayalar yazılarını taş tabletlere, tahta plakalara ve çömlek parçalarına yazmışlardır. Nadiren de palmiye yapraklarından yaptıkları kağıtlara yazı yazmışlardır. Bu yazılarında geleneklerini, din, astronomi ve zamanla ilgili bilgileri resmediyorlardı. Mayaların Kodeks adı verilen kanun kitapları bulunuyordu. 1500'lerdeki İspanyol istilası esnasında bu kanun kitaplarının hemen hemen tamamı yakıldı. Bugün sadece geriye üç örnek kalmıştır. Bunlar da Paris, Madrid ve Almanya'da müzelerde muhafaza edilmektedir. Ancak Mayaları Hıristiyanlaştırmaya giden piskopos Diego de Landa'nın sonraki yıllarda gözlemlerine dayanarak yazdığı kitap ile Mayaların kendi kültürlerinin temelini oluşturan geleneklerini sürdürmek amacıyla Latin alfabesini öğrenerek yazdıkları kitaplar, bize Mayaların yaşam tarzları ve kültürleri hakkında sınırlı da olsa bilgi vermektedir. Dil uzmanları taşların üzerindeki kitabeleri, dekoratif çömlekleri ve Dresden, Madrid, Paris elyazmalarını kullanarak Maya yazısı üzerindeki çalışmaları yoğunlaştırmaktadırlar.

Maya dili ifade açısından oldukça zengindir. Bu dilde bir kişinin kafasında olup da dile getirmek istediği belirsiz bir kelime bile kolaylıkla ifade edilebilir. Peder Beltran de Santa Rosa, "Arte del Idioma Maya" (Maya Dili Sanatı) adlı eserinin önsözünde Maya dilinin bu özelliğine dikkat çekmektedir

"Yukatan dilinde diksiyonlar (kelime seçimi) çok latiftir, noktalamalar incelik doludur ve gayet özlüdür; çünkü yalnız-

43 Gelişim Genel Kültür Ansiklopedisi 6, Tarih ve Kültür 1

ca bir iki sözcük ve kısa hecelerle derin cümleler kurmak mümkündür... Sekiz sesliden yardım almadan tam bir kusursuzlukla konuşulabilen zengin bir dil olduğuna kim inanır? Maya dilini konuşan bir kişi dışında isim çekimi olmayan bir dilin mevcudiyetine kimi ikna edebilirsiniz?"[44]

Maya gramerini ilk kez yazan kişi de yine bir rahipti. Fransız Fransisken (Aziz Francis'in öğretilerini takip eden Hristiyan kilisesi) rahibi Peder Antoine Gabriel de Saint Bonaventure, İspanyol İstilasının hemen ardından Yucatan'a gelir. Burada halka İncil'i anlatabilmek için öncelikle onların dilini öğrenmeye çalışır. İşte bu esnada da latin harfleriyle Maya gramerini yazmıştır. Bunun yanı sıra Maya fiilleri sözlüğünü de o yazmıştır. Ancak bu sözlüğü Peder Beltran de Santa Rosa, "Maya Dili Sanatı" isimli kitabını yazmadan 100 yıl önce yazmıştır. Bu dönemde henüz Maya diline İspanyolca kelimeler karışmamış, Maya dili sadeliğini korumaktaydı. Bu dili Peder Saint Bonaventure şu sözlerle anlatır:

"Kadim Maya dili kısa ve özdür; birkaç artikel ve edatın kullanımıyla oluşturulan sözcükler dikkate değer kısalıktadır. İsimler kendi başlarına çekilemez; isim çekimi için zamirlerden yardım alınmaktadır. Fiil çekimi, mastara takı, edat, zarf ve zamirlerin eklenmesiyle yapılır. Çekimlerde fiilin ana bölümü şimdiki zaman kipindedir. Mastarla isim benzerdir; birbirlerinden ayırt edilemezler. Özne genellikle fiilin önüne gelir; bunun ancak birkaç istisnası vardır. Bütün sıfatlar zarf olarak kullanılabilir."[45]

---

44 Mısırlıların Kökeni, Augustus Le Plongeon

45 Mısırlıların Kökeni, Augustus Le Plongeon

Maya dilinde kelimelerin dizilimi modern İngilizceye benzer. Mısır dili gibi, Maya dili de bitişken denilen dil kategorisine girer. Mısır bilimciler de gramer yapılarının benzerliğini tanımamazlık edemezler ve bu benzerliği onaylamaktadırlar.

Daha önce Mayaların yazılarını kağıt üzerine de yazdıklarından bahsetmiştik. Landa bize bu konuda daha detaylı bilgi vermektedir. İspanyol istilası zamanına kadar Mayalar, ceylan derisinden elde ettikleri parşömenlere ya da ağaçtan elde ettikleri kağıtlar üzerine kitaplarını yazmışlardır. Landa şöyle anlatır:

"Kitaplarını uzun ince tabakalar üzerine yazıp bunları sayfaları oluşturacak şekilde katlamışlar ve özenle işlenmiş iki tahta parçası arasında birleştirmişlerdi. Yazılar sayfaların her iki tarafına sütunlar içine yerleştirilmişti. Kağıt bir ağacın kökünden elde edilmiş, yazmayı kolaylaştırmak için beyaz bir vernikle cilalanmıştı."[46]

Mayalar muhtemelen beyaz verniği bölgede oldukça fazla miktarda bulunan sakız ağacı sıvısından elde ediyorlardı. Mayalar yazdıkları bu kitaplarda Troana ve Cortesianus el yazmaları ve Dresden Kodeksi'nde olduğu gibi çizim, tasarım ve renklerle de süslemişlerdi. Genel ağırlık olarak metin olmasına rağmen bu kitaplarda konuların anlaşılmasını sağlamak için resim de kullanmışlardı. Bu kitaplarda yalnızca kendi tarihlerini değil, savaşlar, ticaret gibi komşularıyla olan ilişkilerini de anlatıyorlardı. Bunların yanı sıra deprem-

46 Mısırlıların Kökeni, Augustus Le Plongeon

ler, seller, kasırgalar gibi hem jeolojik hem de meteorolojik olayların kayıtlarını tutmuşlardır. Tıp, matematik, arkeoloji, astronomi ile ilgili bilgilerinin anlatıldığı kitapları da bulunuyordu.

Maya dilinde bazı kelimelerin Türkçe karşılıkları şöyledir:

Maya dili	**Türkçesi**
Ha	Su, yıkamak
Ain	Timsah
Ahau	Kral, hükümdar
Akab	Akşam
Hana	Yemek yemek
Aac	Kaplumbağa
Otok	Ev
Bab	Yüzmek, kürek çekmek
Baat	Balta
Baab	Palmiye yaprağı
Hanhan	Hemen
Cab	Bal, kovan
Kab	Kol
Kap	Bilezik
Kau	Bir cins karga
Kin	Rahip
Men	İşçi, sanatkar
Na	Ev

Nab	Altın
Naat	Anlayış
Ze	Darbe, yara
Tat	Baba
Tam	Asa
Tan	Orta
Xal	Doğurmak
Che	Ağaç

Maya Dilinde Türkçe'nin İzleri

Yurtdışında yayınlanan pek çok makalede Kuzey ve Güney Amerika yerlileri olan Kızılderililerin, Türkçe veya Altayca kökenli sayısız kelimeyi kullandıkları yazılmıştır.

Maya dilinin şifresi çözüldükçe Kızılderililer gibi onların da kullandıkları bazı kelimelerin Türkçe ile benzerlik gösterdiği saptanmıştır. Avrupa'da yayınlanan Ethnos isimli derginin 1967 yılında yayınlanan bir sayısında Stig Wikander isimli bilim adamının *"Maya and Altaic, the Maya Group of Languages Related to the Altaic Family?"* (Maya ve Altayca, Maya Grubu Dillerinin Altay Dil Ailesi ile Akrabalığı Var mı?) isimli makalesi yayınlanmıştır. Aynı makalenin ikinci bölümü ise Ethnos'un otuz dördüncü sayısında yayınlanmıştır. Yazar, Maya dili ve Türkçe arasındaki benzer kelimeleri de çıkararak, bu konuda bilimsel bir ispat sunmuştur.

MAYA	TÜRKÇE
Tucan doğan	(-Orta Türkçe: togan)
kaxnak	kasnak
tzimin	deve (-O.T.: teve),(Moğol: temen)
chal	çal
alan, yalan	al, alt, alçak
yokol	yukarı (O.T.: yokaru)
ich,	ichil iç, içre, içeri
bolon	bol
kubul	kambur
chopol	çopur
acan	(ağlama anlamında) ağıt, ağıtlamak
tic	(ağaç dikmek anlamında) dik (O.T.: tur)
tuy	(saç, kıl anlamında) tüy

Bu örneklerde de açıkça görüldüğü gibi iki dil arasındaki kelime benzerlikleri dikkat çekicidir. Bu tür araştırmaların önemli şahidi, büyük Türkolog Prof. Dr. Osman Nedim Tuna'dır. Kendisinin henüz Türkiye'de yayınlanmayan makaleleri, Türk Dili çalışmaları için sağlam örneklerdir.

Aslında bütün dillerde komşu ya da uzak dillerden ödünç alınmış kelimeler bulunmaktadır. Ancak bu tür kelimeler, o dil içinde hemen belli olur. Birbirine bu derece benzeyen kelimelerin, böylesine uzak coğrafyalarda aynı anlamda kullanılması ciddi olarak araştırılması gereken bir konudur.

Günümüzde Mayaların Kullandıkları Dil

Modern Mayaların en büyük bölümü Mexico City'nin bir bölgesi olan Yucatan'da yaşamaktadırlar. Buradaki Mayalar, Batı Guatemala dağlık bölgesinde yaşayan Mayalardan farklı olarak, kendilerine sadece "Maya" derler, hiçbir kabile ismi belirtmezler. Antropologların "Yucatec Maya" ismini verdikleri Maya dilini konuşurlar. İspanyolca da yaygın olarak konuşulur. Özellikle batı bölgelerde yaşayan Maya torunları genellikle evde Maya dili konuşurlar ve kendilerini "Mestizo" olarak adlandırırlar. Bugünkü Guatemala ve İngiliz Hondurası'nın tümü; Batı Honduras; El Salvador ve Meksika'da, Chiapas ve Tabasco'nun doğu kısımları; Campeche ve Yucatan devletleri ve Quintana Roo bölgesi; bu coğrafi bölgeler, Avrupalıların keşfi sırasında Maya-Kişe dili konuşulan alanlardır. Maya dilini konuşmalarına rağmen İspanyol öcesi Maya sahasının dışında kalan topluluk Huaxtec'ler (Huastek'ler)'dir. Arkeologlar, Huaxtec'lerin dil yönünden akraba sayıldıkları Mayalardan, çok eski bir tarihte (belki M.Ö. 1000 yılında veya daha da önce) ayrıldıklarını ve Huaxtec kültürünün diğer Maya kültürlerinden geniş ölçüde farklı olduğunu ortaya koydular. Buna karşılık fetih sırasında, Guatemala'nın Pasifik kıyılarında ve Lempa ırmağının güneydoğusunda El Salvador'da oturan Pipil'leri de eski Maya alanına sokmak gerekir. Pipil'ler Orta Meksika'nın Nahuatl dilinin değişik bir şeklini konuşurlardı.[47]

Yukatan'ın ve yarımadanın Guatemala ve Tabasco'ya kadar uzanan güneyindeki ülkelerin yerli halklarının günlük di-

47 http://www.native-languages.org/pipil.htm

li, bozulmuş olmakla birlikte halen Maya dilidir. Bozulmuştur; çünkü yerlilerin açıkça itiraf ettikleri gibi İspanyollara ve onların dillerine duydukları kinden dolayı, anladıkları zaman bile konuşmamakta direnmişler ancak birçok merkezlerde dört yüz yıl boyunca zorla kabul ettirilen İspanyolca kelimelerle karışmasına engel olamamışlardır. Fakat Vera Paz'ın bir bölümü olan Tierra de Guerra gibi, İspanyol etkisinin çok az hissedildiği yerlerde, varlığını büyük çapta korumaktadır.

Uygarlığın Yazılı Belgeleri

Maya yazıları taş tabletlerde, tahta plakalarda ve çömlek parçalarında bulunmaktadır. Ancak nadir olarak kireç emdirilmiş ve kireç tabakasıyla kaplanmış bir çeşit bitki lifinden yapılmış kitaplar da bulunabilmektedir. Mayalar, bugün ancak dörtte biri dil uzmanları tarafından çözülebilmiş, yaklaşık 800 hiyeroglif işaret kullanmışlardır. Mezo-Amerika'daki (Meksika, Orta Amerika ve Batı Hint Adaları) Maya Uygarlığı'nın geliştirdiği hiyeroglif yazı sistemi M.S. 200'lerden 1600'lerin sonlarına kadar, yani Meksika'nın İspanyollarca işgal edilmesinden 200 yıl sonraya değin kullanılmıştır. Sayılar, günlerin isimleri, aylar, putların isimleri, renkler, pusula yönleri, tarih ler ve yöneticilerin adlarıyla doğum, ölüm ve fetih gibi olayları belirten simgeler dışında henüz çözülememiştir. Resim-yazı kökenli simgelerin yalnızca bir bölümü sese dayalıdır. Bir ölçüde Mısır kartuşları ile Çin yazı karakterlerini çağrıştıran bu simgeler, ileri düzeyde bir stilizasyon gösterir.

Mayaların politik ve sosyal yaşamlarını çözebilmek için arkeologların yazıtları çözmeleri gerekiyordu. Savaşlarla ilgili yazıtlar adeta birer propaganda örneğiydi. Bu propagandaları anlamak Maya toplumunu daha iyi anlayabilmelerini sağladı. Maya yazıtlarını deşifre etmek üzerinde tartışmalar sürdü ve uzun zaman çözüm bulunamadı. Çünkü yeni bulgular farklı bakış açıları getiriyordu. Birçok bilim adamı Maya yazıtlarından, onların nasıl yok olduklarının gizemini çözmeye çalışmışlardır.

Maya hiyeroglif yazısıyla oluşturulmuş birçok metin olduğu biliniyor ama Yucatan'ın istilasından (1540) sonra İspanyol rahipler, bunların çoğunu yok etmişler. Günümüzde bilinen üç Maya kodeksi vardır: Dresden Kodeksi, diğer ikisi ise Madrid Kodeksi ile ondan biraz daha eski olduğu sanılan Paris Kodeksi'dir. Kodekslerin hiçbirisi tam olarak çözülememişse de içerikleri bilinmektedir.

Bilim adamları anıtların üzerinde bulunan kitabelerde, dekoratif çömleklerin üzerinde ve barındırıldıkları yer ya da müze adlarıyla anılan bu kodekslerdeki eski Maya yazısı üzerinde yoğun çalışmalar yapmaktadırlar. Mayalardan günümüze kadar korunabilmiş bu el yazmalarında astronomi, arkeoloji ve dinsel ayinlerle ilgili bilgiler bulunmaktaydı. Ayrıca İspanyol fethinden sonra yerlilerin Maya dilinde ve İspanyol alfabesiyle yazdıkları, Maya kroniklerini özetleyen yazılar da bulunmuştur.

Dresden Kodeksi: Codex Desdensis

Kolomb öncesi Maya Uygarlığı'na ait hiyeroglifleri içeren ve Hristiyan din adamlarının giriştiği kitap yakılmasından kurtularak bugüne kalan üç kodeksten biridir. Tutulma tabloları, Venüs'ün kavuşum dönemleri gibi, büyük bir titizlikle hesaplanmış astronomi kayıtlarını içerir. Mayaların astronomi alanındaki ünü, büyük ölçüde bu esere dayanır. Dresden'deki Saksonya Eyalet Kütüphanesi'nin ele geçirdiği kodeksi, Kingsborough Vikontu Edward King, *Antiquities of Mexico* (1830-48; *Meksika'nın Eski Eserleri*) adlı kitabında yayınladı. Ama o bunun Azteklere ait olduğunu sanıyordu. Kodeksin ilk bilimsel yayımı 1880'de Leipzig'de E.Förstmann tarafından yapıldı.

Madrid Kodeksi: Codex Tro-Cortesianus

Yine Kolomb öncesi dönemden kalma ve 1500'lerde İspanyol din adamlarının kitap katliamından kurtularak bugüne kalan hiyerogliflerden oluşan üç metinden biridir. Geç Maya döneminin (M.S. 1400'ler) ürünü sanılan *Tro-Cortesianus*, muhtemelen klasik Maya bilginlerinin ortaya koyduğu bir metnin kopyasıdır. Kodeksin figür ve gligleri (oyma resim yazısı karakterleri) iyi çizilmemiştir. Bugüne ulaşan diğer iki kodekse göre daha düşük niteliktedir.

Astroloji ve kahinlik uygulamaları üzerine çok zengin bilgiler içerir. Çeşitli Maya putlarını belirlemeye çalışan tarihçi ve antropologlar için özel bir değer taşır. Örneğin burada muluk ismindeki günlerini uzun koltuk değnekleri üzerinde yapılan bir dansla kutlandığı tasvir edilir. Ayrıca seramik ve dokuma gibi zanaatlarla avcılık gibi etkinlikler de anlatılır.

İki yanı da yazılmış elli altı sayfadan oluşan kodeks incir ağacı kabuğundan elde edilen levhaların kıvrılması ve ikiye katlanmasıyla hazırlanmıştır. 1860'larda İspanya'nın 2 ayrı yerinde farklı uzunluktaki iki parça (Troano ve Cortesianus) halinde bulunmuştur. Bugün Madrid'deki arkeoloji ve tarih müzesinde korunmaktadır.

Paris Kodeksi: Codex Peresianus

Hemen hemen bütünüyle ayin ve törenleri kapsar. Önemli bir Maya toteminin seçilmiş başının da bu kodekste yer alması, bu totemin mitolojik kimliğine ve ölümüne dair araştırmalara yeni varsayımlar eklenmesine neden olmuştur.

Birçok bölümü eksiktir. Diğer kodekslerden daha kötü durumdadır. Akordiyon gibi katlanan uzun bir şerit biçimi verilmiş ağaç kabuğundan yapılmıştır. Onbir yapraklık bu şerit ve totem resimleri kolonlarından oluşan yirmi iki sayfalık bir kitaptır. Maya takviminde yılları belirleyen gün adları dizininin varlığı kodeksin Maya tarihinin klasik dönem ile İspanyol istilası arasındaki bir dönemin tarihlenmesini sağlamıştır.

1900'lerde hemen hemen tümüyle çözülen Maya hiyerogliflerinde genellikle hanedanların tarihi ve kentler arasındaki savaşlar anlatılır. Bu hiyerogliflerden, işkence ve insan kurban etmenin ayinlerde önemli yer tuttuğu anlaşılır. Maya inanışına göre dindarlığın ifadesi olan bu uygulamaların bereketi güvence altına aldığına ve pagan dini ilahlarının gazabının yatıştırıldığına inanılıyordu. Bu dini gerekler yerine getirilmezse evrende düzensizlik ve kargaşa baş göstereceğini düşünüyorlardı. Bu nedenle özellikle savaş esirlerinin işkenceye uğradığı, sakat bırakıldığı ve kurban edildiği anlaşılıyor. Ayrıca insan kanının ilahlarını besleyeceği ve onlarla ilişki kurmak için kan dökülmesi gerektiği yolundaki inançtan dolayı Maya kralları, halkları ile ilahlar arasındaki aracılar olarak, ayinlerde kendi kanlarını akıtmış ve kendi kendilerine işkence etmişlerdir.

BİR UYGARLIĞIN YOK OLUŞU

Maya Uygarlığı'nın kalıntılarına bakarken akıllardan şu soru geçer; böyle bir uygarlık nasıl yok oldu? Mayaların topraklarını hiç terk etmemiş torunları var. Bilim adamları binlerce yıl öncesindeki Maya İmparatorluğu'nu araştırırlarken, bugün Guatemala çevresinde 1.200.000, Belize çevresinde ise 5.000.000 Maya insanı yaşamaya devam ediyor. Etnik olarak, onlar dünyanın en gelişmiş imparatorluğunu kurmuş insanların soyundan geliyorlar. Ancak bu insanlar dahi atalarının yok oluş bilmecesine bir yanıt bulamıyor.

Maya Uygarlığı'ndaki gerileme M.S. 900 yıllarında, -bugün hâlâ tam olarak anlaşılmamış nedenlerden dolayı- güneyde yaşayan Mayaların kentlerini terk etmesiyle başladı. Maya Medeniyeti, belirli bir gerileme devrine girmeden, gelişmesinin doruğundayken birden çöktü. M.S. 800-900 (veya 950) yılları arasında, şehirler veya ayin merkezleri birbiri ardından söndü. Şehir kültürü kayboldu ve yalnız köy kültürü kaldı.

Bölgenin büyük tören merkezleri terk edildi, çok geniş bir alan bir daha asla dönülmemek üzere boşaltıldı. 25.000 ile 80.000 nüfuslu (tahminler farklıdır) bir kent olan Tikal bu rakamın üçte birine düştü. Sağ kalanlar büyük piramitlerin ve sarayların yıkıntıları arasına sığınıp eski yaşantılarının hiç olmazsa bir derece benzerini sürdürmeye çalıştılar. Ancak aradan birkaç kuşak geçince bunlar da gittiler. Bu tarihlerde köylerde bile nüfusun hayli azaldığı sanılmaktadır.

Henüz tam olmamakla birlikte, sırlarıyla birlikte tarihe gömülmüş olan Maya Uygarlığı, yavaş yavaş gün yüzüne çıkıyor. Bulundukları döneme göre olağanüstü bir matematiksel hesap geliştirmiş olan bu Yeni Dünya Uygarlığı'nın hiyeroglif yazılarını çözmeye çalışan bilim adamları, yok oluşun bilinmeyen yönlerinin, böylece ortaya çıkacağını düşünüyorlar.

C. W. Ceram'ın anlatımıyla: "Bir ulus, kentlerde oturan bir ulus kalkmış, sağlam evlerini, caddelerini, tapınaklarını ve saraylarını bırakmış ve ta uzağa, yabancı kuzeye göçmüştür. Kentler bomboştur; orman caddeleri, yabani otlar merdivenleri ve eşikleri sarmıştır. Ağaçların tohumları rüzgarın toprak parçalarıyla doldurduğu taşlar arasına düşmüş, bir daha hiçbir insan ayağı avluların kaldırımlarına basmamış ve piramitlerin basamaklarından yukarı çıkmamıştır."

Maya çöküşünü araştırmış olan herkes bunun ekolojik, siyasal ve toplumsal unsurların birleşiminden kaynaklandığını kabul etmektedir. Son zamanların palaeoklimatik bulguları, çöküş gerçekleşirken kuraklık yaşanmış olduğunu ortaya çıkarmıştır. Ancak yinede tam manasıyla yok oluş, bir muammadır.

Mayaların boş anıtları bulununca tarihçiler bu durumu açıklama çabalarına giriştiler. İlk açıklama, yabancı saldırganların Mayaları kovduğu yolunda oldu. Ancak, Mayaların gelişmelerinin en yüksek seviyesinde bulundukları o sıralarda, çevrelerinde onların savaş gücüne erişecek bir güç bulunmadığı gibi, terkedilmiş kentlerde yabancıların buraları ele geçirdiğine ilişkin tek bir iz de bulunamamıştı. Diğer bir açıklama korkunç bir salgın hastalığın görülmesiydi. Ancak pek azı sağ kalan bir halkın büyük bir yolculuğa çıktığını gösteren hiçbir belirti olmadığı gibi, Chichén Itzá gibi yeni kentleri kuran bir halkın güçten düşmüş olması beklenemez. Bunlardan başka büyük bir doğal afetten birden bire değişen iklim koşullarına kadar birçok açıklama da getirilmiş ancak hiçbiri yeteri kadar sağlam temellere oturtulamamıştır.

Ünlü kentlerden Palenque, Tikal ve Chichén Itzá 10'uncu yüzyılda, ortada kesin bir neden yokken yitip gitmiştir. Genel olarak yerleşik tarım yerine, ormanı yakarak açtıkları tarlalara da tarım yapan Mayaların, giderek kentleri çevrelerken toprakların verimsizleşmesine yol açtıları, bu nedenle kıtlığı önlemek için göç ettikleri ve Yucatan'da "Klasik Sonrası" diye adlandırılan yeni bir uygarlık kurdukları sanılmaktadır. Mayalar mısır yetiştirmek için, orman içinde tarla alanları açıyorlar, ormanın bir bölgesindeki bütün ağaçları deviriyorlar (kabuklarını keserek ağacın özsu taşıyan damarlarını kesmiş oluyorlar, böylece ağacın kurumasına yol açıyorlardı), bunlar kuruyunca, yağmur mevsiminden az önce tutuşturuyorlardı. Yağmur geçer geçmez tarlada sivri sopayla açılan çukurlara mısır tohumları ekiliyordu. Tarlanın ürünü toplanınca, çiftçi ikinci bir orman kesimine geçiyordu. Bu nedenle ormanda yeni yeni tarlalar açılıyordu.

Araştırmacılar, Mayaları sapasağlam kentlerini böyle kısa zaman içinde bırakmaya zorlayan nedenin en akla yakın açıklamasına ulaştıklarını düşündüler. Eğimli orman topraklarında açılan tarlaların verimi erozyon ile tükeniyordu. Bir tarlaya, ağaçların yeniden yetişmesi ve yakılması için verilmesi gereken dinlenme zamanı gittikçe uzuyordu. Bunun doğal sonucu, Maya köylüsünün ormanın gittikçe daha uzak yerlerini yakarak tarla açmak zorunda kalması idi. Bu yüzden beslemek zorunda olduğu ve onsuz da yaşayamadığı kentten gittikçe daha da uzaklaşıyordu. Sonunda onunla kent arasına yanık ve çökmüş bir step giriyordu. Mayaların eski imparatorluğunun büyük kültürü, köylü temelini yitirdiği için ortadan kalkmıştı. Sonunda kentler arasında yalnız çorak savanlar kalınca, kıtlık bu ulusu göçe zorlamıştı. Kentleri ve çoraklaşmış tarlaları bırakan halk, yollara düşmüştü. Kuzeyde yeni bir devlet doğarken, boş tarlaları yeniden kaplayan orman ilerleyerek yapıları sarmış ve bin yıl onları gözlerden saklamıştı. M.S. 1000 yılına doğru Maya toprakları, ülkelerinden kovulan Toltek liderleri tarafından istila edildi. Bunun sonuncunda Toltek ve Maya kültürleri birbirine karıştı ve 15'inci yüzyılda ortaya çıkan iç savaşlar, sitelerin yıkılıp yok olmasına neden oldu.[48]

Boşaltılmış kentlerin sırrı bu olabilir mi? Olağanüstü gelişim gösteren bir ulus için, çok sayıda spekülatif varsayım yapılması kaçınılmazdır. Bunlar arasında özellikle son yıllarda

48 Gelişim Alfabetik Gençlik Ansiklopedisi 7, Gelişim Yayınları, 1771, 1772

birbiri ardına yayımladığı kitaplarıyla çok sayıda okuyucu bulan ancak bilimsel olarak görülmeyen tezler ileri süren Erich von Daniken'in Uzaylılarla Mayalar arasında kurduğu ilişki en ilginç (!) olanı olabilir. Daniken, boşaltılmış kentlerin sırrını şöyle açıklamıştır: Onları ziyarete gelecek Uzaylı ilahların inecekleri tarihi hesaplamış olan Mayalar, günü geldiğinde beklemeye koyulmuşlar ancak ilahlar (Uzaylılar) gelmemişti. Hayal kırıklığına uğrayan Mayalar da kuzeye göçerek yeni bir imparatorluk kurup tekrar takvimlerine uygun binalar yapmışlar ve ilahlarını beklemeye koyulmuşlardı.

Bütün eski Dünya kültürlerinde olduğu gibi, Mayaların sırları da ancak bilimsel bir çalışma yöntemiyle çözülecektir. Zaten yeterince gizemli olan Maya Uygarlığı'na bir de fazladan gizem yakıştırmak ve bunu da bir varsayım olarak ileri sürmek araştırmacılara yarardan çok zarar sağlayacaktır.

Birliğin Bozulması, İspanyol İstilası ve Yok Oluş Süreci

Güçlü bir uygarlık geliştirmiş olan Mayaların çöküş nedenleri daha tam olarak bilinmese de Yucatan'ın ayrı ayrı yerlerinde bulunan Chilam Balam Kitapları bu konuda ipuçları vermektedir. Chilam Balam Kitapları'ndan, kentlerdeki binaların tarihlemelerine bakılırsa, M.S. 610 yılından sonra Eski Devlet'in kentlerinde yaşamın birden bire kesildiği gibi bir sonuç çıkıyor.

Mayaların zamanla Yucatan'ı ele geçirip yerleştiklerini ve bunu Yeni Devlet döneminin izlediğini biliyoruz. Ancak, bu kitaplardan, egemenlik için savaşan Xiu ve İtza soylarının varlığı öğreniliyor. Yazılanlara göre 10'uncu yüzyılda, güneybatıdan Maya halklarına İtza'lar sızdı ve Chichén Itzá'yı kurdular. Kitaplarda ayrıca, büyük kent Chichén Itzá'nın görkeminden, güney Yucatan'ın daha eski kentleri ile karşılaştırılınca büyüklük ve mimari bakımdan üstün özellikleriyle göz kamaştıran yapılar olduğundan bahsedilmektedir. Daha sonraları, anıtsal sadeliği ile eski imparatorluğun yeniden doğuşunun temsili simgesi olan Uxmal, her iki stilin de yaşandığı Mayapan, Chichén Itzá ve diğer kentlerle oluşturulan birlik ortaya çıktı. Ama ihanet bu birliği parçaladı. Chichén Itzá orduları Mayapan'a karşı toplandılar. Ancak birliğin başkentinin hükümdarı Hunac Ceel, Tolteklerden ücretli askerler aldı ve Chichén Itzá zaptedildi. Bundan sonra da kentler birliğinin gelişme gücü kırıldı.

1441'de, Uxmal'daki Xiu sülalesinin önderliğinde, zulüm altındakiler ayaklandılar ve Mayapan ele geçirildi. Bununla da yalnız kentler birliği yıkılmakla kalmadı, onunla birlikte Maya devleti de yıkıldı. Bundan sonra Xiu'ların kurabildikleri kentin adı "Mani" olmuştur (Kimi araştırmacılara göre bu sözcük "geçti gitti" anlamına gelmekteydi). Ancak Xiularla Cocomlar arasında amansız bir savaş başlamış ve Yucatan birbirlerine düşman küçük eyaletlere bölünmüştür.

Savaşın yakıp yıktığı Maya ülkesinde salgınlar ve kuraklıklar başgöstermişti. Ayrıca manevi bakımdan zayıf düşmüş, ahlak duyguları çökmüş ve uygarlıklarına duydukları güvenlerini yitirmişlerdi. Bunca felaketin altında olan bu insanlar artık ahir zamanın geldiği inancındaydılar.

1500'lerin başlarında İspanyollar bölgeyi istila ettiklerinde, Mayaların çoğu köylerde tarım yaparak yaşamakta ve atalarının dini uygulamalarını sürdürüyorlardı. İspanyollar, geldiklerinde çöküş dönemine girmiş Mayaları buldular karşılarında. Dolayısıyla Maya devletini zapt etmeleri pek güç olmadı. İspanyollar, Maya halkını hemen egemenlikleri altına alamadılar. Bu bölgeye geldiklerinde Mayaların, tek merkezden yönetilen bir devlet kurmayıp, eski Yunanistan'daki gibi bağımsız kent devletlerine ayrılmış olduğunu gördüler ve her biriyle ayrı ayrı savaşmak zorunda kaldılar. İspanyol fethi sırasında pek çok Maya çatışmalar ya da ilk kez karşılaştıkları hastalıklar yüzünden telef oldu. Yüzyıllık bir süre içinde Orta Amerika'nın yerli nüfusunun yüzde 90'ı kızamık ve grip gibi hastalıkların yayılması nedeniyle yok oldu. Hayatta kalanların zenginlikleri güçleri ellerinden alındı. Kültürleri hakkında detaylı bilgiler veren elyazmaları yakıldı ve Maya yazısı yasaklandı. Adetlerine, kozmolojilerine ve tarihlerine ilişkin çok sayıda bilgi yok oldu.

İspanyollar, Guatemala Mayaları'nı egemenlikleri altına alabilmek için 1527'den 1547'ye kadar 20 yıl uğraşsalar da tam anlamıyla başarıya ulaşamadılar ve Yucatan Yarımadası'nın tamamını ancak 17'inci yüzyıl sonlarında ele geçirebildiler. Ve sonuçta, Mayalar zaman içinde yenildiler; tropikal bir alana yayılmış, geleneklerine son derece bağlı küçük topluluklar halinde varlıklarını sürdürebildiler.

Bilim adamlarınca bir soykırım ve kültür tarihi cinayeti olarak görülen bu acımasız fethin sonucunda, Mayalardan günümüze kalacak olan hemen hemen tüm yazılı belgelerin yakıldığı, kültürlerine ait ne varsa yok edildiğini görüyoruz. Daha sonra rastlanan Aztek devletinin akıbeti de neredeyse aynı olmuştur...

Maya İmparatorluğu'nun Son Temsilcileri Neredeler?

Yüzyıllardır olagelen kültür etkilenmesinden sonra Orta Amerika'da yaşayan Mayaların torunları yeni kültür yaratarak yaşamlarını sürdürmekteler. Orta Amerika'nın tamamında otuz bir Maya grubu yaşıyor ve hepsi de ayrı bir lehçe konuşuyor. Etnik yönden de Yucatan Yarımadası'ndaki nüfusun en büyük kısmını meydana getiriyorlar. Guatemala, Meksika, Honduras, El Salvador ve Belize'de altı milyonu aşkın Maya yaşıyor.

Fizik olarak kısa boylu (boy ortalaması: erkeklerde, 1.55 m; kadınlarda, 1.42 m'dir), kuvvetli yapılı, son derece yuvarlak kafalı, derileri bakır renginde veya siyahla koyu kahverengi arası, düz, kalın saçlı insanlardır. Birçoğunun gözlerinde epikantus (bir tür göz kapağı anomalisi; gözün iç köşesinde doğuştan var olan, dikey olarak göz iç köşesini örten bir deri katlaması bulunması) hastalığı vardır.

Kültür yönünden, Orta Amerika'nın yerlileri olan Mayaların hayat seviyesi köklü değişimlere uğramıştır. Bu değişim, ilkin İspanyol fetih ve sömürgeleştirmesiyle, daha sonra da, batı sanayi medeniyetinin etkisiyle olmuştur. Orta Amerika'da yaşayan Mayaların torunları şimdi sadece gelen ziyaretçiler için atalarının kıyafetlerini giyiyorlar. Bazı etnologlar, Maya kültürünün modern dünyanın baskılarına direnip direnemeyeceğini merak ediyor. Meksika'daki Tzotil benzeri bazı grupların nüfusu 100.000'i aşmakta, öte yandan Chiapas yağmur ormanındaki Lacandón, birkaç yüz kişiden ibarettir. Nispeten küçük grupların durumu daha nazik olmasına karşın tüm gruplar turizm, ormansızlaştırma, ekonomik çöküntü ve siyasi kargaşanın tehditleriyle yüz yüzedir.

Bölge halkı sömürgeleştirme sırasında İspanyollar'a karşı ayaklandı ve büyük bir inatla geleneklerini korudu. 16'ıncı yüzyılda İspanyol istilası sırasında birçok köy yakıldı. Tarihsel bilgiler ortadan kaldırıldı. İspanyol misyonerler yerli halkı pagan inanışlarından kurtarmak için hak dini anlatma faaliyetlerine giriştiler. Güney Amerika'da misyonerler bir günde yaklaşık 14 bin yerliyi vaftiz ediyorlardı.[49] Yeni koloniler kurmak için köle gibi çalıştırıldılar.

Dört yüz yıl İspanyollar tarafından ezildikten sonra Meksikalılar tarafından işgale uğradılar. 1847'de, Meksika'nın bağımsızlığını kazanmasından sonra, Yucatan'ın, İspanyolların üç yüzyıldan beri sömürgeler kurdukları bölgelerde yaşayan yerliler, beyaz yöneticilerine karşı ayaklandılar. Ayaklanma 1850'de bastırıldığı zaman bir kısım halk Quintana Roo ormanına kaçtılar ve burada 1901'e kadar silahlı direnişe devam ettiler. Hatta bu tarihten sonra bile, Quintana Roo'nun iç kısımlarında yaşayan yerli topluluklar ayrı yaşama siyasetini sürdürdüler ve Federal hükümetin müdahalesine karşı koydular ve siyasi bakımdan geleneksel kabile teşkilatına döndüler. On dokuzuncu yüzyılın başlarına gelindiğinde sömürgeciler Maya halkını ticari amaçlarla kurulan büyük çiftliklerde çalıştırmaya başladı. Kölece çalıştırılan Maya halkı, 4000 yıldır kaybetmediği geleneklerinin ve tarım metodlarının birçoğunu bu tarihlerde kaybetti. Yucatan Mayaları tarafından 19. yüzyılda

49 Metin Özbek – Dünden Bugüne İnsan – 4.Bölüm Yaşayan Irklar

Caste War of Yucatan (Yucatan'ın Kastlar Savaşı) adıyla anılan isyan, bilinen en etkili modern yerli Amerikan isyanıdır. Bu isyan sonucunda, geçici olarak Maya Eyaleti kabul edilen Chan Santa Cruz, İngiliz İmparatorluğu tarafından bağımsız bir ulus olarak tanınmıştır.[50] 1935'ten itibaren de Meksika milletinin bir parçası olma eğilimini göstermişlerdir.

1992'de Maya halkına Meksika Devleti tarafından zulmedildi, yapılanlar, insan haklarına aykırıydı. Bugün Meksika Hükümeti, insan hakları adına Mayalara eşit fırsat tanıyacaklarını açıklamasına rağmen, Mayalar hala sosyo-ekonomik sıranın en altında bulunmaktadırlar. Chipas'ta 9 tane yerli dili konuşulmakta ve Meksikalılar azınlıklara rağmen iktidarı ellerinde tutmaktadırlar. Yerli nüfusu ülke potansiyelinin çok üzerinde olmasına rağmen bu halkın % 70'i su sıkıntısı çekmektedir. Bu kötü koşullarda birçok Maya insanı modern yaşam şartlarını reddederek ve eski alışkanlıklarını sürdürerek bir nevi protesto yöntemi uygulamaktadırlar.

1992 yılında Mayaların Quiché kabilesine üye olan ve ailesinin tamamına yakınını Guatemla'da devlet güçlerinin katliamlarında kaybeden Rigoberta Menchu, isimli kadın Mayaların yok edilmesi üzerine yaptığı çalışmalar nedeniyle Nobel Barış Ödülü almıştır.

50 http://en.wikipedia.org/wiki/Maya_peoples

Farıklı sınırlar içerisinde yaşamakta olan Maya halkı günümüzde hâlâ varlığını devam ettirebilen ender yerli halklardandır.

Maya erkekleri kadınlara oranla modernizme daha hızlı adapte olmuş görünüyor.

Tarihin Durduğu Naja Köyü

Dokuzuncu yüzyılda ekolojik bir felaket nedeniyle yokolan Maya İmparatorluğu'nun mirasçıları daha sonra küçük kabileler halinde Yucatan Yarımadası'na dağılmışlardır. Avrupalılar kıtayı keşfettiğinde onlardan kaçan Mayaların çoğu Lacandona ormanına sığındılar. O zamanlar Lacandona ormanında 20 bin Maya yaşıyormuş. Ancak katliamlar ve salgın hastalıklar yüzünden Lacandonyalıların yüzde 90'ı ölmüş. Geriye bugün 700 kişinin yaşadığı üç köy kalmış; Lacnja, Metzabok ve Naja.

500 yıl önce İspanyol istilasından Lacandona ormanına sığınan bu 20 bin Maya'dan geriye kalanlar ormanda yüzyıllar öncesinden kalan gelenekleriyle yaşıyor. Yakın köylerdeki akrabaları çoktan geleneklerini terk etmiş olsalar da Naja köyündeki 180 Maya hala binlerce yıl geçmişte yaşıyor. Modern dünyaya sırt çevirerek yaşadıkları köy adeta yaşayan bir müzeyi andırıyor. Yeni şeylerin faydalarını idrak etmekle beraber yinede kabul etmede isteksizlik gösteriyorlar. Eski usullere öyle bağlı kalıyorlar ki hayatlarını kolaylaştıracak hemen hemen her şeye "babalarımız böyle yapmıyordu" diyerek yüz çeviriyorlar. Meksika'nın en gelişmiş imparatorluğundan geriye kalan bir avuç insan, ormanın derinliklerinde bugünün teknolojik dünyasına karşı çıkarak belki de atalarının yaşamadığı ilkel bir hayat yaşamaktalar.

Najalıların günleri, kahve ve mısır tarlalarında, ormanda avlanarak ya da hediyelik eşya yaparak geçiyor. Zaten tek geçim kaynakları hayvanları avlamak için kullandıkları ok ve yayları, tohum ve meyve çekirdeklerinden yapılmış kolyeleri ve yaptıkları seramik kapları turistlere satmak. Yüzyılımızın teknolojik dünyasına gözlerini kapayarak yaşayan Mayaların bu son temsilcileri giderek yok oluyor. Köy halkının büyük bölümü geçinebilmek için kasabaya ve kentlere göç etmiş. Kalanlarsa geleneklerini korumak için akraba evlilikleri yapıyor. Ancak bu evlilikler yüzünden çocuklarının çoğu hastalıklarla doğuyor.

Günümüzde 350 kişi kadar kalmış olan Lacondanlar da, ormanda beyaz insanlardan uzak, yoksulluk içinde, ilkel bir yaşam sürmektedir. Bugün Meksika ve diğer yerlerde 4000 yıl önceki ataları gibi, dağlarda yaşayan Mayalar bulunuyor.

Hayatta kalan Mayalar geleneklerine bağlı kaldılar, kültürlerinin pek çok simgesinin zamana dayanmasını sağladılar. İspanyol yönetiminin gücünün zayıf oldugu ücra köylerde, aileler Maya toplumunun özünü koruyarak tarıma bağlı yaşamlarını sürdürdüler. Günümüzde birçok Maya ailesi, bir zamanlar atalarının yapmış olduğu gibi tarımla uğraşıyor ve merkezi pazarlarda ürün alıp satıyor. Kimisi de dokuma, resim ve yontuculuk gibi geleneksel el sanatlarını yaşatıyor.

Dil Ve Coğrafya Temeline Göre Çağdaş Maya Halkları

Yucatan Mayaları (Yukatekler): Meksika'nın Yucatan Yarımadası ile Belize'nin kuzey, Guatemala'nın kuzeydoğu kesimleri.

Lakandonlar: Meksika'nın güneyinde, Usumacinta Irmağı ile Guatemala sınırı arasındaki topraklarda, daha az bir bölümü de Belize ile Guatemala'da yaşar ve çok küçük bir nüfus oluştururlar.

Kiçe Halkları: Guatemala'nın doğu ve orta kesimlerindeki dağlık bölgede yaşarlar.

Mam Halkları: Guatemala'nın batısındaki dağlık bölgede yaşarlar.

Kanhobal Halkları: Aynı bölgedeki Huehuetenango ilindeki ve Meksika'nın buraya bitişik yörelerinde yaşarlar.

Tsotsiller ve Tseltallar: Meksika'nın güneyindeki Chiapas eyaletinde yaşarlar.

Çol Halkları: Chiapas'ın kuzeyi ile Tabasco'da, Çontal ve Çol dilleri konuşurlar.

Çortiler: Guatemala'nın doğu ucunda yaşarlar,

Huastekler: Meksika'nın orta doğu kesimindeki Veracruz eyaletinin kuzeyinde ve bitişiğindeki San Luis Potosi'de yaşarlar.

Yüzyıllarca Yaşayan İmparatorluğun Yok Oluşuna Dair Yeni Teoriler

Bazı bilim adamlarının buldukları delililer onları Mayaların yok oluşu ile ilgili yeni teoriler geliştirmelerine neden oldu. Birçok uzman yok oluşun nedenini sadece savaşlara bağlarken, başkaları bunun hikayenin tümü olmadığını düşünüyorlardı. Carnegie Enstütüsü'nden Slyvanus Morley ve Eric Thompson, Mayaların yok oluşlarına ait bilgileri antik kentlerden elde edemeyeceklerini düşünüyordu. Çağdaş bilginler ise, daha iddialı ve umutluydular ama onların modern teknolojik (radyo karbon testi gibi) avantajları bulunuyordu. Antik Mayalar üzerine çalışmalar yapan Venderbilt Üniversitesi profesörü Antropolog Arthur Demarest M.S. 761'den önce ve sonra olmak üzere Mayaların tarihçesini iki bölüme ayırdı. 761'den önce savaşlar düzenliydi; kabileleri tek bir yönetim altında toplamak için yapılırdı. Ama 761'den sonra savaşlar; kabile üstünlüğüne ve malların yağmalanmasına dayanmaya başlamıştır. O yıl, Dos Pilos Kralı kabilelere dur demek için savaş açtı ama Tamarindito'da yakalanarak kurban edildi. Demarest'e göre; bu dönemden sonra ortaya çıkan soylu kanun yapıcıları, çıkar uğruna birbirlerini yemeye başlamışlar ve güçleri çok artmıştır. Böylece sivil iç savaş başlamıştır; işte bu da Mayaların sonu olmuş ve buna benzer olaylar başka bölgelerde de yaşanmıştır.

Önemli yok oluş teorilerinden biri, yağmur ormanının ekolojik dengesinin ani bir biçimde bozulması olabilirdi. Arizona Üniversitesi arkeoloğu Patrick Culbert; "Yeraltı çalışmalarından anladığımıza göre, neredeyse orman tamamen yok olmuş"[51] diyordu. Su sıkıntısı, yok oluşlarında rol oynamış olabilirdi. Cincinnati Üniversitesi arkeologlarından Vernon Searborugh ise Tikal'deki kazısında gelişmiş kanalizasyon sistemleri bulmuştur. Yılın 4 ayı yağmurlu bir bölgede yaşayan bu insanların ani bir susuzluğa uğramaları gerçekten yok oluş nedeni olabilirdi.

Bölgenin göllerinin dibinde biriken tortu tabakalarından değişen iklim koşulları kesin olarak tespit edilmektedir. Yukatan'da Chichancanab Gölü ilk olarak, M.Ö. 6200 yılı civarında Karayipler deniz düzeyi ve yerel yeraltı suları yükseldiği zaman dolmuştu. Gölün tortularından alınan örnekler koşulların M.Ö. 1000 yılına kadar nispeten yağışlı devam ettiğini, iklimin ondan sonra kurumaya başladığını göstermektedir. Kuruma devam ederek 800 ile 1000 yılları arasında doruk nokta-

51 Time 9 Ağustos 1993 Mayaların Gizemi

sına -yani Maya çöküşü zamanına- erişmiştir, iki yüzyıllık bu dönem son 8000 yılın en kurak geçen iki yüzyılı olmuştur.

Quintana Roo bölgesinde Punta Laguna Gölü tortu tabakalarını öyle hızlı biriktirmiştir ki, delgiyle alınan örnekler yağışlı ve kurak yılları bir ağaç halkası kadar hassas olarak vermektedir. 585 yılında sık ve şiddetli kuraklık dönemleri olmuştur. Bu kuraklık Maya yaşamında bazı aksaklıklara neden olmuş ama ardından iki yüzyıllık bol yağmurla hızlı bir büyüme yaşanmıştır. Sonra 725 ile 1020 yılları arasında bölge yine uzun bir kuraklık dönemine girmiş, bu da 862 ile 986 yılları arasında doruk noktasına erişmiştir. Kuraklık 1020 yılında aniden sona ermiştir.

8'inci ve 9'uncu yüzyıl kuraklıkları başladığında Maya Uygarlığı zaten giderek artan bir baskı altındaydı. Hızla büyüyen kentlerde soyluların sayısı çok fazlaydı ve bunlar ayrı hiziplere bölünüp parçalanmışlardı. Çok uzaklardan gıda maddeleri ithal edilmekteydi. Askeri üstünlük ve prestij rekabeti halk üzerinde büyük baskılar yaratmaktaydı. Kuraklıklar artık bardağı taşıran son damla olmuştur. Ürün azaldıkça gelirler de hızla düşmüştür. Güçlü lordlar huzursuz ve aç toplum karşısında dünyevi ve manevi güçlerinin azaldığını görmeye başlamışlardır. Uzun kuraklık dönemlerinin etkileri Maya dünyasına dalga dalga yayılmıştır. Kuraklığın çevre koşullarında yarattığı hasar hükümdarların başa çıkamayacağı boyutta olmuştur. Binlerce kişi açlıktan ölürken, kalanlar büyük kentleri terk ederek küçük yerleşim birimlerine dağılmışlardır. Güney ovaları uygarlığı hemen hemen tümüyle çökmüştür; kuraklık ve isyancı halk nedeniyle krallık sendelemiş, Maya site-devletlerinin o karmaşık yapısı birkaç kuşak içinde domino etkisiyle yıkılmıştır.

Bilim adamları bir başka nedenin nüfus patlaması olabileceğini düşündü. Yirmi kentten toplanan verilerden anlaşılana göre kilometre kareye 200 insan düşüyordu. 700 ile 850 yılları arasında kentte ya da kent yakınlarında 20 ile 25 bin kişi yaşıyordu ve nüfus her 80-100 yılda bir kat artıyordu. 850 yılından sonra kent, nüfusunun yarısını kaybederken, kırsal nüfus yaklaşık yüzde yirmi artmıştı.

Patrick Culbert'e göre, endüstrisi olmayan bir toplumda nüfus bir sorun olabilirdi. Araştırmacılar, kazılarda, iyi gelişmemiş çocuk iskeletleri buldular, bu da yetersiz beslenmenin göstergesiydi. Yine Culbert, böyle karmaşık ve kalabalık bir toplumun çöküş nedeninin; savaş, çılgın bir kral, açlık ya da susuzluk olabileceğini düşünüyordu ve bu düşüncesini şöyle ifade etmiştir: "Böyle bir toplumun çöküşü için milyonlarca neden söylenebilir."[52] Kuraklıkların ardından 1150'ler ise Copan Vadisi'nin nüfusu yalnızca 1000-2000'di.[53]

Pek çok yıldır Mayaların tam bir sır olan sonu hakkında fikir yürütme eğilimi sürekli devam etmektedir. Terk edilmiş şehirler, salgın hastalıklar ve kıtlıktan bahsedilmektedir. Buna rağmen şimdi, bazı araştırmacılar, insanları hüküm altına sokan yoğun inşa programlarının baskısı ile toplum içindeki dayanışmanın kesin eksikliği dışında herhangi başka açıklama aramanın faydasız olduğuna inanmaktadırlar. Yüksek yaylalardan gelen istilalar, Meksika hayatının düzenli bir olayı olmuştu. Göçebe kabileler Orta Meksika'daki yerleşik uygarlıklara pek çok saldırı düzenlemişlerdi. Zaten pagan dini geleneklerinden dolayı

52 Time 9 Ağustos 1993 Mayaların Gizemi

53 Kadim Mezo-Amerika, Cambridge University Press, T. Kam Manahan

insan yaratılışına ters bir boyunduruk sisteminin ardından kentleri diğer kabilelerce işgal edilen Mayalar, önceki yaşayışlarından kurtulmak için bir fırsat elde etmiş bile olabilirler.

Mayaların Çöküşünden Çıkarılacak Ders

Bilim adamları dünyada pek çok medeniyetin sonunun Mayalara benzer biçimde noktalanmasından endişe etmekteler. Dünyanın çeşitli yerlerinde ekolojik dengenin bozulması, kuraklık, açlık, nüfus patlaması ve tüm bunlara bağlı olarak milyonlarca insanın ölmesi. Bu sayılan sebep ve sonuç ilişkisi birçok uzmanı çevreci mesajlar vermeye yöneltmektedir. Ancak uygulanan tedbirler ancak tehlikenin büyüklüğü idrak edildiği ölçüde olabilmektedir. Günümüz dünyasının sorunlarını tam çözebilecek bir biçimde geçmişten ders alınmamış olmasına rağmen en azından tarihte yaşanmış olan Maya Medeniyeti'nin çöküşü bir uyarı niteliği taşımaktadır.

"Tüfek, Mikrop ve Çelik" isimli kitabı ile Pulitzer Ödülü'ne layık görülen Jared Diamond, 2005 yılında yayımlanan son kitabı "Çöküş"de bazı medeniyetlerin nasıl kendilerini yıkıma götürürken, diğerlerinin aynı hatayı yapmadığını inceliyor. Diamond bu eserinde Mayaların çevreye saygı göstermedikleri için kısa sürede çöküp gittikleri yorumunda bulunmuş. İklim veya çevre felaketlerini değil, toplumların kendi kendilerini yok etmelerini, medeniyetlerin çöküş nedenleri arasında görüyor.

Mayalara benzer bir sonla karşılaşmamak için ekolojiden politikaya pek çok alanda yeni tedbirler alınması gerekmektedir. Çünkü dünyada zincirleme bir reaksiyon söz konusudur. Bir taşı bir yerden oynattınız mı tüm yapıya zarar verebilecek bir felaketin başlangıç hamlesini yapmış olabilirsiniz. Örneğin Mayalar ısınmak, inşaat ve beslenmek için aşırı ağaç kestiklerinden ormanların yok olmasına ve bir kısır döngünün başlamasına neden olmuşlar ve olaylar medeniyetlerinin sonunu getirmiştir. Çöküş yaşanırken, kuraklıkla gelen açlık ve insanların ahlaki çöküntü içerisinde bulunmaları yamyamlığa varan bir vahşet yaşanmasına neden olmuştur.

İnsanlar yaşadıkları dönemde meydana gelen ekolojik olayların etkilerini ömürleri içerisinde görmeyince sonraki nesillere karşı duyarlı olmayabiliyorlar. İklim değişiklikleri ve küresel dengelerin değişmesi gerçekleşirken bir umursuzluk, vurdum duymazlık topluma hakim olabiliyor. Oysa insanlara bu değişimlerin önemini miras edindikleri ve geliştirdikleri medeniyetlerinin yok oluş sürecine girmemeleri için kavratmak gerekmektedir. Jared Diamond'a göre, Batı Medeniyeti çoktan bu sürece girmiş ve hatta yol almış durumdadır.

Mayalara Kadar Kadim Zamanlar ve Sonrası

Kadim kelimesi, Meydan Larousse'da, çok eski ve başlangıcı geçmişin derinliklerinde kaybolmuş demektir.

Bilimsel olarak bilinen ilk kara parçasının varlığı-M.Ö. 400 milyon yıl

Üzerinde anladığımız anlamda yaşam barındırma olasılığı yüksek olan hatta zaman zaman sulara batan diğer hareketli kıtalar-M.Ö. 50 milyon yıl

Pasifik Okyanusu'nun derinliklerinde yattığı var sayılan Mu Kıtası-M.Ö. 40 milyon yıl ile 1 milyon yıl

Mu Uygarlığı'nın hayatta kalmayı başarmış son torunları - M.Ö. 80.000 ile 36.000 yılları arası

Buzul devri sonları ve Bering Boğazı'nın geniş bir kara köprüsüne dönüşmüş olmasından dolayı Asya'dan Kuzey Amerika'ya göç eden insanlar-M.Ö. 18.000-13.000

New Mexico'daki Folsom yakınlarında ilk Amerikalıların geliştirdikleri kültür-M.Ö. 13.000'ler

Kuzey Kıta'da Kolorado ve Arizona'da kurulmuş siteler-M.Ö. 7.300-6.500

Mayalara göre kendi tarihlerinin başlangıç noktası-4 Ahau 8 Cumku-M.Ö. 3114

Maya Uygarlığı'nın başlangıcı-M.Ö. 2600

Pek çok görüşe göre Mayaların kültürünün çıkış noktası olan Olmek Uygarlığı'nın yükselişi-M.Ö. 2000

Mezo-Amerika'da yazının ortaya çıkışı-M.Ö. 700

Mayalar soylular ve kralların yönetimi üzerine kurulu hiyerarşik toplum fikrini benimsediler-M.Ö. 300

Teotihuacan şehri kuruldu-M.Ö. 100 (Burası yüzyıllar boyunca Mezo-Amerika'nın kültürel dini ve ticari merkezi oldu)

Tapınakları ve top sahaları ile Maya şehri Cerros inşa edildi. Bilinmeyen bir nedenle bir yüz yıl sonra terk edildi-M.Ö. 50

Olmek Uygarlığı yıkıldı-M.S. 100

Maya toprakları Teotihuacan egemenliği altına girdi ve Maya kültürü ve dili bazı bölgelerde bölündü-M.S. 400

Teotihuacan yerleşimcileri ilk büyük Maya şehri olan Tikal'e geçtiler ve buraya silahlarını, kölelerini ve insan kurban etmeyi makul gören ayin fikirlerini de taşıdılar-M.S. 500

Bilinmeyen bir olay Teotihuacan'daki uygarlığı yok etti. Tikal, Mezo-Amerika'daki 500.000 yerli halkı ile en büyük şehir devleti oldu-M.S.600

İmparator Pacal 80 yaşında öldü ve Palenque'deki Yazıtlar Tapınağı'na gömüldü-M.S.683

Uzun ömürlü Maya birliği dağılmaya başladı. Maya şehir devletleri arasındaki ticaret azaldı ve devletler arası ihtilaflar arttı-M.S. 751

Tikal'de yapılaşma durdu ve bu olay şehrin çöküşünün başlangıcı oldu-M.S. 869

Tikal terkedildi-M.S. 899

Maya tarihinin Klasik Dönemi güney şehirlerinin çöküşü ile sona erdi. Kuzeyde Maya şehri Yukatan gelişti-M.S. 900

Kuzey Maya şehirleri terkedilmeye başlandı-M.S. 1200

Chichén Itzá şehri Toltekler tarafından terkedildi-M.S. 1224

Itzálılar da Chichén Itzá'yı bilinmeyen bir nedenle terk ettiler-M.S. 1244

Mayapan şehri kurulmaya başlandı-M.S. 1263

Mayapan, Yukatan'ın başkenti oldu-M.S.1283

Mayapan sınırları içinde başkaldırılar gerçekleşti ve şehir terkedildi. Bundan kısa bir süre sonra Yukatan tek bir krallık iken birliği bozuldu ve on altı birbiriyle rakip devletçiğe dönüştü-M.S. 1441

Gonzalo Guerrero isimli bir İspanyolun gemisi battıktan sonra Yukatan'ın doğu sahillerine doğru sürüklendi. Bu İspanyol yüzüne dövme yaptırarak, kulaklarını deldirerek ve bir Maya ile evlenerek tam bir Maya'ya dönüştü. Guerrero, ileriki yıllarda sömürgeci İspanyolların korkulu düşmanlarından biri haline geldi-M.S. 1511

Yucatan'a yerleşmeye başlayan İspanyollarla birlikte kıtada daha önce hiç görülmemiş bulaşıcı hastalıklar da Mayalar arasında yayılmaya başladı. Yüzyıllık bir süre içinde Orta Amerika'nın yerli nüfusunun yüzde doksanı, kızamık ve grip gibi hastalıkların yayılması nedeniyle yok oldu-M.S. 1517

Hernan Cortes Yukatan'ı keşfe başladı-M.S. 1519

Cortes, İspanyollarca zaptedilmemiş tek topluluk olan Itzá insanlarıyla karşılaştı-M.S. 1524 (Bu karşılaşmanın ardından İspanyollar Itzá'yı 17. yüzyıla kadar bırakmadılar.)

İspanyollar Mayaların kuzey bölgelerini işgale başladılar. Mayalar şaşırtıcı bir kuvvetle İspanyolları yıllarca topraklarına yaklaştırmayıp, körfezin içinde tutmayı başarırlar-M.S. 1528

İspanyollar sonunda Mayaları baskı altına aldılar ve Maya direnişine bir son verdiler-M.S. 1541

İspanyollar Yukatan'da Mérida isimli başkenti kurdular-M.S. 1542

Tikal'in kalıntıları ormanda yollarını kaybeden İspanyol rahip Avedano ve yol arkadaşları tarafından bulundu-M.S. 1695

Chiapas bölgesinde yaşayan Mayalar Meksika hükümetine karşı ayaklandılar-M.S. 1712 (Bu direniş Zapatistler önderliğinde 1990'lı yıllara kadar devam etti.)

İspanyol Krallığı, İspanyol toprak baronlarına, Mayaları Hristiyanlaştırdıkları müddetçe onları köle olarak çalıştırma hakkı tanıyan 'encomienda' (koruma) sistemini feshetti-M.S. 1724

Meksika İspanya'dan bağımsızlığını kazandı. Mayalar için genel olarak yaşam İspanyol idaresine göre daha katlanılabilir bir hal aldı-M.S. 1821

Antonio del Rio'nun on sekizinci yüzyıl sonlarındaki Palenque hakkındaki araştırmaları Londra'da yayımlandı. Kitap "kayıp" Maya Uygarlığı ve yerleşimi hakkında araştırma yapmaya yöneltecek çok büyük ilgi oluşturdu-M.S. 1822

Amerikalı diplomat ve avukat John Llyd Stephens ve İngiliz antropolog Frederick Catherwood Maya bölgelerinde bir dizi keşfe başladılar ve ardından ilk defa dünyaya klasik Maya Uygarlığı'nın ihtişamını açıkladılar-M.S. 1839

Yucatan'da isyan hareketi tekrar yükseldi. Kölelik koşullarına başkaldıran yerlilerin isyanı bu sefer bastırılamadı ve Mayalar ülkelerinin büyük bölümünü yeniden ele geçirdiler. Bu olay tarihte 'Kastlar Savaşı' olarak bilinmektedir-M.S. 1847

Yukatan Mayaları tekrar isyan çıkarttı-M.S. 1860

Guatemala'da bir kanal çalışması sırasında, M.Ö. 320 yılında Mayalar tarafından yapılmış bir yeşim levha şans eseri bulundu ve Maya kültürüne ait en eski eser olarak nitelendirildi-M.S. 1864

Sömürgeciler Maya halkını ticari amaçlarla kurulan büyük çiftliklerde çalıştırmaya başladılar. Kölece çalıştırılan Maya halkı, 4000 yıldır kaybetmediği geleneklerinin ve tarım metodlarının birçoğunu bu tarihlerde kaybetti-M.S. 1880

Sınır tanımayan istila Meksika devrimine yol açtı-M.S. 1910

Amerikalı fotoğrafçı Giles Healey, Maya Uygarlığı hakkında yeni bilgiler ortaya koyan Bonampak'daki muhteşem duvar çizimlerini gören ilk Maya olmayan insandı-M.S. 1946

Hem rahip hem kral olan Pacal'ın mezarı Palenque'de Meksikalı arkeolog Alberto Ruz tarafından bulundu ve kazı yapılıp ortaya çıkarıldı-M.S. 1952

Mayaların Quiché kabilesine üye olan ve ailesinin tamamına yakınını Guatemala'da devlet güçlerinin katliamlarında kaybeden Rigoberta Menchu isimli kadın Mayaların yok edilmesi üzerine yaptığı çalışmalar nedeniyle Nobel Barış Ödülü'nü aldı-M.S. 1992

Maya Uygarlığı zaman çizelgesi

Olmek M.Ö. 1200-1000

Erken Klasik Öncesi Maya M.Ö. 1800-900

Orta Klasik Öncesi Maya M.Ö. 900-300

Geç Klasik Öncesi Maya M.Ö. 300-M.S. 250

Erken Klasik Maya M.S. 250-600

Geç Klasik Maya M.S. 600-900

Klasik Sonrası Maya M.S. 900-1500

Sömürge Dönemi M.S. 1500-1800

Bağımsız Meksika M.S. 1821-günümüz

FOTOĞRAFLAR

Maya taş kabartması

Mayalar bilimde olduğu kadar sanatta da oldukça ileri bir toplumdu.

Mayaların kendilerine has bir hiyeroglif yazısı mevcuttu.

Kabah kentinden bir duvar kalıntısı.

Mayaların kendilerine has bir hiyeroglif yazısı mevcuttu.

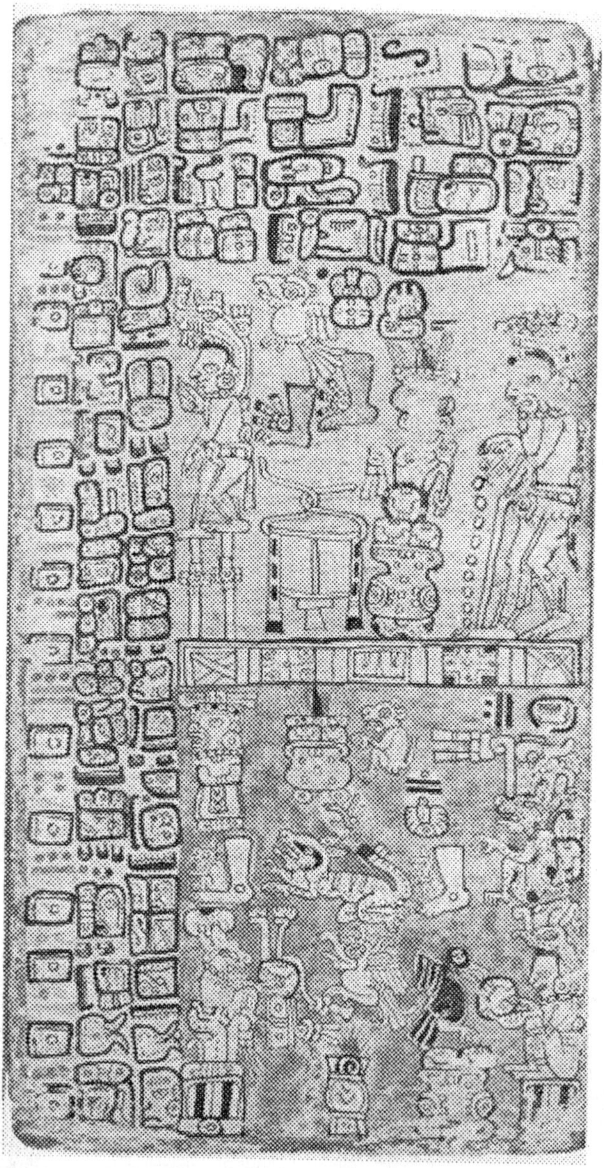

Madrid Texti-Sol sayfa

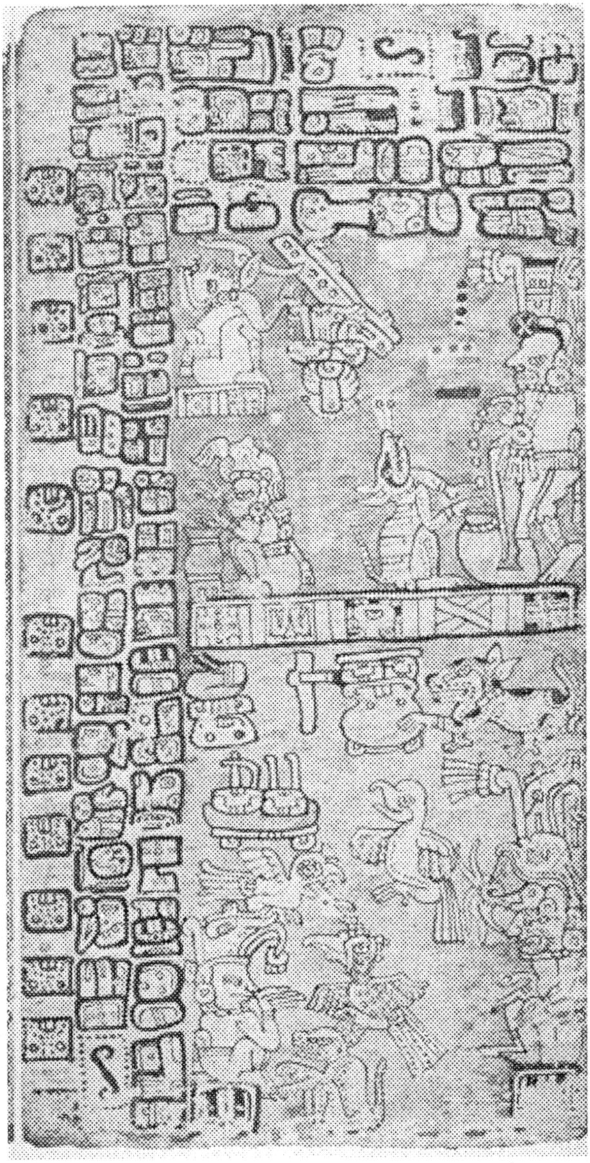

Madrid Texti-Sağ sayfa

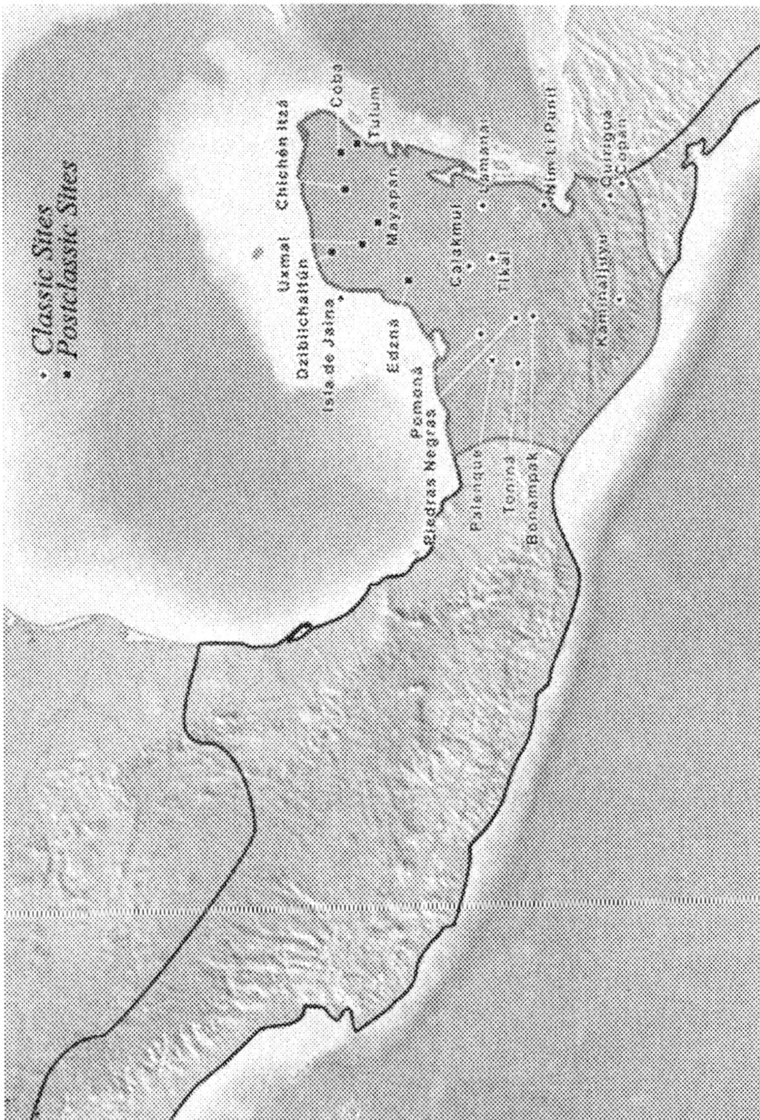

Maya İmparatorluğu'nun kurulduğu ve genişlediği topraklar.

İçinde yaşadıkları çağa göre oldukça ileri bir şehircilik anlayışları vardı.

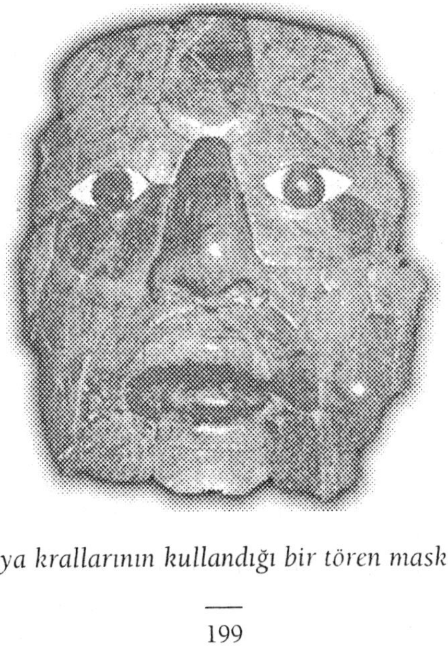

Maya krallarının kullandığı bir tören maskesi.

Kentlerde büyük caddeler ve meydanlar şehircilik anlayışının ne derece ileri olduğunu göstermektedir.

Palenque kentinden bir görünüm.